大事なこと

これだけは知っておきましょう

船井幸雄

ビジネス社

大事なこと

これだけは知っておきましょう

本書を、わが最愛の妻に捧げます。

まえがき

きょうは2012年3月25日、いま午後5時50分です。相撲ファンの私は、5時前から大相撲大阪場所の最終日の取り組みをテレビで見ていました。22回目の優勝を逆転で飾った白鵬への表彰が、いまテレビで放映されています。

勝負の世界というのは、さいごまで分からない……ということを示した千秋楽でしたが、勝負の軌跡などからいろいろ考えさせられました。特に優勝するために何が「大事」なのかを、珍しく深く考えていました。

ところで、本書の題名の『大事なこと』の「大事」というのは、常識的に「大切なこと」「貴重なこと」と考えてください。

『広辞苑』で、「大事」を見ると、重大な事件、ふつうでないこと、非常のこと、一大事の略、大切、貴重、容易でないこと、あやういこと、などと出ていますが、本書での「大事」は、あくまでも客観的、常識的な「大切」「貴重」という意味でご了解ください。

これから書くことは、本書の内容とともに、あくまでも私見です。拙著ゆえご了承ください。

79歳の私は、経験上というか経営コンサルタントを主業としてきた仕事から「人間として正しく生きるための大事なこと」をやむを得ず、多く知らされました。よかったと考えています。

ところが付き合ってくださっている多くの人々は、私のような生き方をしてこられなかったでしょうから、正確に大事なことを多くはご存じではないように思えるのです。

いま、世の中が大激変中です。特に去年２０１１年から今後２〜３年の変化は、大事なことを知らないと右往左往して対処を間違いそうに思えてなりません。

そこで、本書を世に出そうと考えたのです。

さて、はじめに少し著者紹介を兼ねて最近の私事を書きます。

私は２００７年３月12日から体調を崩しました。いまもまだ１／４人前くらいの体調です。それまでカゼ一つひかないくらいの超健康体だっただけに、それ以来の５年以上にわたる病気は苦しく辛くいやおうなしに非常に勉強させられました。

左上半身ばかりに、医師から20を超える病名をもらいました。治療法の分からない難病が多くありました。２００９年８月と今年２０１２年２月には「廃人になるか」とか「もうあの世逝きか」とまで考えました。手術も数回は経験しました。今年２月上旬には『船井幸雄の大遺言』（２０１２年３月、青萠堂刊）という本を世に問うべくペンを執ったくらいです。

いまでは経験は「最高の学び」であり、すべてはよかったと考えていますが、よく生き延びたと言えるくらいの日々でした。最近、少し回復ぎみとはいえ、まだ病気は続いております。この間、すべてを私の看病に捧げてくれた妻には、本当に感謝しています。恩に感じていますし、本書を最愛の妻に捧げたいと強く思いながら、いまペンを走らせはじめたのです。彼女にも私の知っている大事なことを知ってほしいと思うのです。

本書原稿は妻から「ゆっくりと、昔のように原稿用紙にペン字で原稿を書いてください。そして、その元原稿を私にくださいね」と言われ、10年ぶりくらいに升目を縦書きの直筆で埋めております。

50年も一緒に暮らした妻のこの意向が私にはよく分かるからです。

ところで拙著は400余冊あります。延べ2000万冊強が多くの人に読んでいただけました。1969年から出しはじめたので毎年平均して10冊弱は出してきましたが、私は著述は本業の合い間にやってきた人間です。最近の30年は、(病気になる前のことですが)年間200回以上の講演も行ってきました。が、あくまでも本業は、経営者兼経営コンサルタントであって、その仕事のついでに著作と講演も重ねていたのです。

ともかく博識になりました。ベストセラーが何十冊も出たのです。上手に経営するコツや生きるコツも、そして自分なりの人生哲学もいつの間にか確立できてしまったようです。数人で創業した会社は、10年くらい前から東証・大証の一部上場企業になりました。マスコミ嫌いなのですが、いつの間にか少しは名前も知られるようになったようです。

このような私の特性は、一言でいえば「現実的な実務家」ということだと思います。私を評して世の中の人は「怪人」とか「超人」とよく言います。「経営の達人」「ケンカと競争の名人」「経営ならびに人生コンサルタント」「味方にするとたのもしいが敵にすると、もっとも嫌な人物」「何でも猛スピードでやれる人」「実務家でありオカルティスト」「超能力者」などから「自由人」「賞罰・資格の一切ない人間」「仁と義の人」「形式嫌いの人」などまで何十も人さまの評価はあります。

しかし客観的に自分を見るとはっきり分かるのは、「てってい的な自由人」「人一倍想念力の強い人間」「決して他人さまの悪口を言ったり足を引っぱらない人間」「自慢と束縛が何よりも嫌いな人間」「びっくり現象が大好きな人間」「人脈が豊かで、多くの大事なことをよく知っている人間」、そして「何よりも自然に従いたい人間」くらいの特性はあると思います。が、ふつうの人間です。

本書は、このような私が、体調の回復にともない、どうしても世の中の人にストレートに、いま大事なことの要点だけでも知っていただき、大変化に正しく上手に対応してほしくて、正直に「真実」と考えられることを書こうと思っている著作です。

その旨、くれぐれもご理解、ご容認ください。既発表文を再録したものも多少あります が、それらは大事なことなのでご理解ください。

本章では章ごとに冒頭に、その章で主として書きたいことを説明しました。それらは文の上部に罫線を入れています。そして各章で3つずつ大事なことを解説しました。

本書が読者のために少しでも役にたつことを祈念しまして、この「まえがき」を綴りました。

よろしく、お願いいたします。

２０１２年３月25日、熱海市西山町の自宅書斎で。

船井幸雄

（お願い）

本書では紹介したい大事なことを、とことんしぼりこんだのですが、30項目にもなりました。

そのため、ページ数の関係で、簡単にしか書けないことがあります。その場合、読者が、ご自身でかなり詳しくお調べいただけるためのヒントだけは、本書中に記しておきますので、その点もご容赦、ご了解ください。

大事なこと　これだけは知っておきましょう　目次

第1章　根元的に大事な点はこれだ

（本章は２０１２年３月26日、27日に記しました）

——われわれは「この世」で生きている人間。やがて必ず「あの世」へ逝く——

われわれは、いま生きています。「この世」で人間として生存しています。まず本書の最初に、この人間として、もっとも大事なことを、本章では3点だけ記そうと思います。ともかく生ある人は、99・9％以上はやがて死んで、「あの世」に逝くことは間違いないと言えます。

とはいえ、中には、「死なない人」や「この世」と「あの世」を自由に往き来する人もいるかのように思います。なぜなら、それは『ヒマラヤ聖者の生活探究』（ベアード・T・スポールディング著、仲里誠吉訳、1969〜70年、霞ヶ関書房刊、全5巻）という1937年に発刊された著作で分かります。原題は“The Life and Teaching of Masters in Far East.”でDevorss社から発刊された本です。訳者の仲里さんは私と親しい人だったので、この本の内容について彼と話しましたが、仲里さんも私もこの本の内容が事実だと思えて仕方がなかったのです。いまも時々、同書を開きますが、その度《たび》に「やはり事実を書いた本だろうな」と思えて仕方がないのです。できれば、ぜひご一読ください。とすれば、ヒマラヤ聖者たちは常識的な死とは無縁のようですし、「あの世」と「この世」を自由に行ったり来たりできるようでもあるからです。

とはいえ、これは事実としましても特別の例外としてここでは話を進めることにします。

1. われわれの本質は不死の存在

――肉体は一時の仮りの容れ物だ――

この世で生きているふつうの人は、間違いなく１００％の確率で亡くなります。

では、人間というのは、どこから来て、どこへ行くのか、さらにどのような存在なのか……ですが、これにつきましては、すでにはっきり分かっていると言っていいでしょう。

われわれが目で見ることができ、手で触れることができる肉体は、われわれ人間の本質である「魂＝霊魂」の容れ物と言ってよいようなのです。

「この世」で生存している間だけの容れ物と考えて間違いないと断言できそうです。

人間の中には、生まれて来る前のことを、よく覚えている人がいます。それらの人の中には、前生で亡くなってから、あの世に行き、そして、また「この世」に生まれてきた記憶を持っている人もかなりおります。

また、多くの人は催眠状態になりますと、「あの世」や前生のことを、はっきりと思い出すようです。

それらにつきまして、私が確信を持ったのは1975〜80年くらいですが、イアン・スティーヴンソン・ヴァージニア大学教授の学問的研究を私なりに調べた結果なのです。

1918年にカナダで生まれたイアン・スティヴンソンさんの代表的著作には、日本教文社刊の『前世を記憶する子どもたち』と、その続きともいうべき『前世を記憶する子どもたち2』（いずれも笠原敏雄訳、1990年2月、日本教文社刊）があります。

この2冊を読むだけで、「この世」と「あの世」の関係や人間の本質は肉体ではないことを否定する人は多分いなくなると思います。

いまでは正統な科学的と言える「生まれ変わりの研究」や「臨死体験の医学的研究」の論文や著書は、多分何百、何千とあると思います。

拙著にも『人は生まれ変わる』（2005年5月、ダイヤモンド社刊）がありますし、私は『包みこみの発想』（新装版1992年8月、ビジネス社刊）の第12章「人として生まれたことの大きな意義」で、占星術やスティヴンソンさんの『前世を記憶する20人の子供』（ヴァージニア大学出版局刊、邦訳＝今村光一訳、1980年8月、叢文社刊）、あるいは退行催眠のことをすでに紹介しています。

同書は、「経営コンサルタントの船井幸雄はアタマが変になり、変わったことを言い出した」と、大きな批判を浴びましたが、いまとなっては「たのしい想い出」になっています。

なお、私の近著では、２０１１年10月にヒカルランドから発刊した『人間の「正しいあり方」』があります。

同書は、「われわれの本質は肉体でなく霊魂です」というサブタイトルのもとで、①われわれの肉体は、本質である霊魂の容れ物だということ。②「この世」と「あの世」の役割。③「この世」での正しい生き方を分かりやすく詳述しています。

ぜひご一読ください。

同書にも書きましたが、本章では、前述のように人間として生きるうえで大事なことを3点にしぼりこんで、簡単に説明しようと思います。

まず最初に知る必要のあるのが、われわれの本質です。それは、ふつう霊魂（たましい）と言われているものです。「この世」の人間の目には見えませんし、手に触れることもできません。

それゆえ、勉強していない人や唯物主義者は、「魂」の存在を否定したがります。

しかしながら、多くの人の前生体験や臨死体験者の報告、さらに退行催眠や科学的研究などから、われわれの本質は肉体でないことは肯定せざるをえません。そこで、その本質を霊魂という昔から言われているコトバで表した……と考えるのが至当だと思います。そうしますと、あらゆる事象が合理的に説明できますし、「きちっ」と理解できるからです。

この本質が、「この世」で生きている間の容れ物が肉体だ……と考える以外、他に説明法がなくなります。

必ず肉体は滅びますから、魂は「あの世」へ行き、また「この世」に来たい時は、どれかの肉体に入り（といっても胎児の中に入るのですが）、肉体の成長とともに人生を送り、やがて肉体の滅びとともに肉体から出ていくものだ……と考えられます。

実に分かりやすいシステムです。

もちろん、このシステムを創った存在は、われわれ人間より、はるかに知的な面で上位の存在と考えられますが、宇宙というか自然は、実に合理的に見事にできあがっていると感心するばかりです。ムダはまったくなさそうです。

本質であるわれわれの霊魂はほぼ永久に不死の存在だ……と思えます。死んだらおしまい……というのは、この世の肉体だけのことで、本質である霊魂は生き続けるようです。

まず、このもっとも根元的なことをご理解いただきたいのです。

なお、この考え方に疑問を持たれる方は、いまではそれこそ何千という著作や数えきれないほどの研究者の論文や報告書がありますから、それらで納得できるまで学んでいただければよいと思います。
では先に進みます。

2.「あの世」と「この世」の関係

――われわれの本拠地は「あの世」だ――

『500に及ぶあの世からの現地報告』（ネヴィレ・ランダル著、小池英訳、1996年6月、心の道場刊）という本をできれば読んでほしいのです。本書は原題が"Life After Death"で、1975年にイギリスで発刊された著作です。

この「心の道場」は、いま「スピリチュアリズム普及会」に名を変えました。そして『スピリチュアリズム・ニューズ・レター』という小冊子を発刊しております。その29号（2005年4月1日発行）の巻頭の一部をここで紹介しておきます。

永遠の霊性進化の道と、一瞬の地上人生／〝永遠に生きる〟ということの深い意味を再確認しましょうシルバーバーチは、あるとき次のように言っています――「大切なのは、人間が永遠なる魂であり、地上生活はその永遠の巡礼の旅路のほんの短い、しかし大事な一部なのだという事実を知ることとです」(シルバーバーチ1・43)

私達は、人間が永遠的存在として造られ死後も存続すること、そして地上人生はその死後の世界(霊界)への準備をする場所であることをすでに学びました。

人生の目的は至って単純です。霊の世界から物質の世界へ来て、再び霊の世界へ戻った時にあなたを待ち受けている仕事と楽しみを享受する資格を身につけるために、さまざまな体験を積むということです。そのための道具としての身体をこの地上で授けてもらうというわけです。この地上があなたにとって死後の世界に備える絶好の教訓を与えてくれる場所なのです。(シルバーバーチ1・45)

永遠の個的存在として造られた人間

神は〝霊の大海〟から一滴を取り出し、ミニチュアの神・分霊とされました。それが私達人間の本質=霊魂なのです。そしていったん個別性を与えられた人間の霊魂は、その後、永遠に生き続けることになります。私達は真理を通じて、死後も霊界で生活することを学びました。地球上には百数十万種もの生命体が存在しますが、その中で人間のように、死後も個性を持ったまま永遠に生き続ける存在は他にないようです。何と驚くべきことでしょうか。無数の生命体の中で、人間だけに永遠性が与えられているという事実は、宇宙最大の謎であり神秘です。

私達が人間として生まれたということは、神のすべての創造の業の中で、きわめて特別な出来事と言えそうです。その私達を、神はこれから永遠に、自分の子供として愛してくださるのです。それを思うと、言葉に言い表せないほどの感動の思いが湧き上がってきます。もちろん、他の動植物の魂も進化して人間の魂になると考えられます。

永遠に生き続ける人間

ここで、私達の想像力を最大限にまで働かせてみましょう。今地上で生きている私達は、いつか必ず死を迎えることになります。ある人にとってはそれは20年後のことかも知れませんし、別の人にとってはわずか数年後のことかも知れません。大半の地上人は、霊界があることを知らないために〝死〟を最大の不幸・最大の悲劇と考えます。そして少しでも死を先送りにしたいと必死になっています。しかしどのような人間も、やがて死を迎え霊界入りすることになります。

さて、肝心なのはそこからです。私達は、霊界でどのくらい生き続けるのでしょうか。１００年、２００年だけでないことは、少し研究した人なら誰でも知っています。１０００年、２０００年で私達の魂が消滅するようなこともありません。それどころか1万年後も10万年後も１００万年後も、さらには1億年後も私達は霊界で存在しているかも分からないのです。そして、その後もずっと生き続けます。〝死〟という終わりは永遠にやってこないのです。これが――「人間は永遠的存在として創造された」ということの意味なのです。

永遠の霊的進化の法則

ここで重要な点は、人間はただ「永久に生き続ける」ということだけでなく、同時に「霊的成長をなしていく」ということです。つまり人間は、進化、進化の果てしない道をどこまでも歩んでいくのです。これを――「永遠の霊的進化の法則」と言います。人間に関する神の第一法則・根源的摂理です。

今、地球の年齢は46億年、宇宙の年齢は１３７億年と言われていますが、私達人間は、今後それよりもずっと長く存在することになりそうです。そして遠い将来、地球が滅び、宇宙が収縮・消滅するようなことがあったとしても、いったん〝神の子供〟として造られた私達は、永遠に霊的進化の道を歩み続けることになると思われます。そんな悠久の時の流れを考えると頭がくらくらしてきますが、これは紛れもない事実だと言えそうです。

人間は霊的に成長することを目的として、この世に生まれて来るのです。成長また成長と、いつまでたっても成長の連続です。それはこちら（「あの世」）へ来てからも同じです。（シルバーバーチは語る・３４８〜３４９）

紹介したいことは以上のとおりですが、ここで私見を少しばかり述べておきます。シルバーバーチさんの言っている「神」というコトバは幅がありすぎますから、ここでは「創造主」とするか「サムシング・グレート」のほうがよいと思います。

また、私は、人間だけでなく、すべての「世の中」の存在は、霊的に成長することを目的として創られたんだと思います。どうしても、それは人間だけの特権ではないと思いたいのです。というのは、植物の魂が進化し動物の魂になり、それがさらに進化して人間になったと考えねばならない各種の報告や、フーチパターン（拙著『人間の「正しいあり方」』や政木和三さんの代表的著作の『精神エネルギー』１９８７年6月、旺文社刊を参照してください）から、そのように考えるべきだと私の知識や経験上は思えるからです。

しかし正直なところ、「人間は永遠的存在である」「地上人生はその永遠の生活の準備をするところである」というシルバーバーチさんの言葉の深い意味を、多くの人は今日まで実感することなくきたのではないでしょうか。ここでもう一度、われわれが永遠の存在であること、そして地上人生はその中のほんの一瞬の出来事であることを確認しておいてください。

つぎに大事なことは、「この世」の役割です。

そして、われわれの故郷というか本拠地は「あの世」であるということなのです。

それについて、分かりやすく説明すると、次のようになります。

この文章は、拙著『人間の「正しいあり方」』に載せたものですが、それを少し付加修正して以下に再紹介いたします。

私たちの故郷というか本拠地は、どうやら「あの世」らしい。そして私たちの本体は、霊魂＝意識体である。この地球という学校へ勉強に来て、いま寄宿生活をしている。故郷（本拠地）へ帰りたがってはいけないから、学校へ入る前に一時的にあちらの記憶はみんな消去される。

この学校での生活は、制約があって、努力しないと非常に生活しにくいように仕組まれている。だから、誰もが、いやおうなく勉強する。ここでは、肉体という不便な容れ物のなかに各自が閉じこめられる。「あの世」＝故郷＝本拠地では見たいものは何でも見えた。ほかの人たちの気持ちも、そのまま分かった。どこへでも行きたいところへすぐ行けた。これでは、楽で便利すぎて、なかなか努力しないから、この世の制約のある肉体という容れ物のなかで、霊魂という生命体の本体に勉強させるのである。

この学校や寄宿舎では、誰もが努力して食べていかなければならない。他人にも負けたくない、向上したいと考えるようにできている。そうしなければ、生活しにくいのである。こうして勉強しているあいだに、やがて容れ物＝肉体が老化し、故障し、壊れて、なつかしい故郷（本拠地）の「あの世」へ帰れるようになる。

ただ、学校に入る前に、故郷（本拠地）のこと＝「あの世」の記憶は消去されているし、なるべく学校でいろいろ学ぶために、この学校（この世）は最高の場所だと「この世」では教えられる。そのための容れ物＝肉体はなるべく大事にし、老化や故障を起こさないようにし、ほかの仲間と仲よくするのがよいのだということを、学校に入ってから自然と覚えるように仕組まれている。

また、学校で効率的に勉強させるために、故郷（本拠地）で親しかった者や、昔、学校で知り合いであった霊魂たちを、なるべく一緒にするようなこともよく行われる。

学校や寄宿舎での記録は全部残しておかれるし、今後、この学校へ再教育のために入る時に、それを参考にして入学日とか容れ物とか仲間が決まることになる。

さらに、この学校で学習したことは、霊魂のなかに貯えられ「あの世」＝本拠地＝故郷で整理され霊魂のものとなるし、また再び学校に入学した時に、それが活《い》かされることになると考えていただければ、だいたいご理解いただけよう。

こう考えると、「あの世」＝「本拠地」のことや、「死は終わりではない」などということは、「この世」の人間は知らないほうがよいとも言える。

そうは言えるのだが現在では、人間という生命体の本体である魂のレベルが進化し、高くなった人も多くなってきたので、生と死の原理などが、われわれ「この世」の人間に急速に明らかにされてきた、と解釈したい。人間は、野獣より神に一歩近づいたようだ。だから、これからは天地自然の理を魂のレベルに合わせて知らねばならないし、もっと知るよう努力するべきだろう。

どうでしょうか。これで「この世」のこと、「この世」と「あの世」の関係、そして「あの世」が、われわれの本拠地であり故郷であること、さらに最近、急速に死後のことなどがはっきりと分かってきた理由などもお分かりいただけたものと存じます。

3．正しい人生哲学は「自分のため、そして世のため人のため」である

――正しい人生哲学に基づいて、なるべく多く経験し、知り、活用しよう――

人間が上手に人として生きる方法やコツにつきましては、本書第10章で記します。ただ、本章では、いままで知ったように、人間が「この世」に生きてきた目的が分かったという前提で記します。

そうしますと、人間としての生き方の正しい「基本方針」が必要になります。それを一応「正しい人生哲学」と言いましょう。

それは、私の経験、そして知識などから言いますと「世のため人のために尽くす」ということなのですが、人間というのは、個の存在ですし、この世の修業形式からも、どうしても「自分が、もっとも大事だ」と考えて行動するように一般的にはなっています。

ただ、人生経験を積み知識が増えるに従って微妙に、心底から「世のため、人のために」自分の生命すら捨てられるようになるようです。これが人間のよさだと思います。

次は最近、私が読んで感動した本の一節です。その本は、五井昌久著『聖なる世界へ』（1976年9月刊、白光真宏会発行）という題名のすばらしい本でした。

その中に第二次大戦中のアウシュヴィッツのユダヤ人収容所で起きた事実が書かれていました。五井先生の後継者の私の尊敬する西園寺昌美さんの了解をとりそのまま以下に転載させていただきます。

囚人一六六七〇号——コルベ神父

春秋社刊『ゼノ死ぬひまない』松居桃楼著より

《一六六七〇号》、それがコルベ神父の囚人としての登録番号だった。その番号を胸に縫いつけられた囚衣は、どこの誰が着ていたか知れない血や、膿でこわばっていた。抑留者は、身につけたすべての物といっしょに、一人の人間としての人格も、名前もすべてがはぎ取られ、ただ、胸に表示された一個の番号だけによって存在する「物」として扱われるのだった。

コルベ神父がニェポカラノフから拘引されたとき、コルベ神父の右腕として活躍していたユステイノ神父は、共にアウシュヴィッツに送られた。その後、ダハオ収容所に移されたため、九死に一生を得て、終戦後来日し、修道院長をつとめたが、一時期、コルベ神父と共にしたアウシュヴィッツの模様を次のように語ってくれた。

「収容所の中は息もつまるほど悪い臭いが、一ぱいで、ベッドは、手も足も伸ばせない。からだも動かせない三段ベッドは、板も削ってない台にジカに寝ました。毛布は四、五人に一枚だけ、シラミの大軍……そんな生活のために、身分の高い知識人でも、昔からの大切な友だちの顔も見わけられないほど、頭がダメになってしまった人が、何人もいました……」牛や馬がうけるほどの扱いさえ、夢にも期待できない苛酷な労働。飢え、不潔、疫病、刑罰、そしてその中で、最も悲惨な不幸は、自分だけが少しでもいい目を見ようとあせる、仲間同士のおとしいれや闘争だった。

こういう中にあって、脱走を夢みるのは、誰にも、無理のないことだった。だがそれは、もし成功すれば、あとに残った抑留仲間が少なくとも十人はみせしめのため死刑にされることになっていたし、失敗すれば、自身むごたらしく殺されることはわかっていた。

だから、たとえそれが、いかに綿密な計画によったものであっても、結局は、絶望的衝動による、自暴自棄か、自分さえ助かれば、他人の不幸などかえりみないという、動物的本能がさせることだった。その脱走事件がコルベ神父たちの、第十四号収容所から起こった。同舎の抑留者たちは、いっぺんに恐怖の底につき落された。あすまでに、脱走者が発見されなければ、自分たちのうちの十人が死刑になるのだ。それもただ殺されるのではない。〈死の家〉と人々が呼んでいる、地下の、明り窓さえもない監房に閉じ込められたまま、餓死させられるのだ。死ぬまで一滴の水も与えられないで。

「その十人の中に、もしも自分が入ったら……」その夜、誰も、一睡もした者はなかった。翌朝になっても、ついに脱走者は帰らなかった。第十四号収容所の抑留者は、全員、真夏の炎天下に、不動の姿勢で立たされたまま、水も、一片のパンも与えられず、昏倒者が続出した。ナチの親衛隊員が、それを棍棒でなぐって立ち上がらせる。夕方の点呼の時間になった。保護拘禁所長が、部下を連れてやって来た。いよいよ犠牲者の人選がはじまるのだ。囚人たちの、恐怖にあえぐ息づかいが、聞きとれる。所長は、ねずみをさいなむ猫のような眼差しで、抑留者ひとりひとりの顔を見回して歩いた。彼自身、まだ、誰にするか予定していないのだ。所長の気まぐれを待つ時間が抑留者をさらにさいなんだ。

「自分は大丈夫」と信じられる根拠はなにもない。しかも「ひょっとしたら助かるかも……」という欲が、不安をますます大きくするのだ。

「……こいつ……あいつ……」

所長は手にした杖で、囚人を指していった。副官が、そばから、指された囚人の胸の番号を書きとめる。選ばれて、列からひきずり出された十人の犠牲者。その中の一人が、妻と子の名を叫んだと思うと、声をあげて泣き出した。だが、選ばれなかった人々に、それに同情を感じている余裕はなかった。

「助かった！」その思いだけで精一杯だったのだ。そのとき、一人の男が、列をはなれて、所長の前に進み出て来た。

「なんだ！」

自分の命令以外には、指一本動かす者もあろうとは、思ってもいなかった所長は、一瞬気を呑まれたあと、威厳を回復するために激しく怒鳴った。だがその男は、微笑したままだった。

「わたしはその人と代わってあげたいのです」小柄なその囚人は、まだ号泣している若い男を指さした。長い沈黙の秒がきざまれ、やがて意外にも、所長が力ない声で「よし」と答えた。副官は犠牲者の番号を書き代えた。新しい番号は「一六六七〇」だった。

「コルベ神父だ。マキシミリアン神父だ」抑留者たちの、ささやきかわすかすかな声が、アウシュヴィッツの広場を、ゆるがすように拡がっていった。

「友のために命をすてるより大いなる愛はなし」人々は今まさに、キリストが残していった愛のあかしを体験したのだった。

神父の目は、ちょうど地平線の西に落ちてゆく夕日の美しさを、ただうっとりと見つめていた。この世に生をうけて四十七年、ひたすら聖母マリアに捧げきって来た毎日だったが、その過去にも、かつておぼえなかった平安と満足とを、かすかなほほえみの中にただよわせながら。

やがて、〈死の家〉に向かう列の最後について歩き出す神父の背を、次第に夕闇がつつんでいった。

一九四一年（昭和十六年）八月十四日、聖母被昇天の祝日の前日に、コルベ神父は帰天した。何十年来、一度も人なみの健康を持たなかった神父は、いっしょに餓死監房に入った人々の中で、最後まで生き残った。ナチ親衛隊員は、神父の腕に、石炭酸を注射した。神父は静かに眼を閉じた……。

なんという清らかなそして烈しい愛の行為でありましょう。真の宗教信仰とはこうしたものなのです。自己を肉体的なものではないとわかった時、その人は自己犠牲の大きな愛に踏みきることができるのです。しかし私は、誰もがそうした愛を行じることはできぬと思いますので、そうした愛行に通ずる道として、常に他の人の幸福を願い、人類の平和を願う心になっている、という意味でも、世界人類が平和でありますように、人々の天命が完うされますように、という世界平和の祈りが必要だと思うのです。

なかなか捨てきれない、肉体的自己愛の想いを、瞬々刻々の世界平和の祈りの中で、知らぬ間に消し去り、祈り心を積み重ねてゆくうちに、自己犠牲とかいう想いのないまま、真実の愛が自然に行じられるようになってくるのです。

以上です。五井先生のおっしゃるとおりだと思います。ともかく、この話は、いろんなことを教えてくれます。戦争というのは人を狂わせること。まだ47歳の若さでも、人は自分を捨てられるようになること。人の生命とは、本来は決して惜しいものでないことなどです。

それにしても何と清らかなコルベ神父の行為なのでしょうか？

ところで人生哲学を自分で体得するためには、なるべく人生哲学に合った多くのいろんなことを経験することが大事になるようです。

人間にとって経験に優る勉強はありません。

「百聞、一見に如かず。百見、一験に如かず」というのは真実だと思います。

聞くことは知識になります。それを見ると知恵につながります。しかし経験し、体得しないと、人間の最高の知的能力の直感力につながらないのです。

私は経営コンサルタントとして、相談相手のために親身になり、できるだけ一体化して生命がけで対応してきました。経験して直感力を磨くためです。

約50年の経営コンサルタント経験で付き合ったのは会社数で1万社強、件数で数万件、相談にのった人は数万人に及びます。これが、ものすごく勉強になり、ふつうの凡人である私を経営のプロにしてくれたように思います。

その経験上から体得した知識や知恵や直感力を「世のため、人のために活用する」のが、人間にとって、もっとも基本的に大事なことだと、これも経験上思えてなりません。よろしくご理解ください。

肉体とは、われわれの本質である不死の存在の霊魂の容れ物。そうだとすれば、真に「世のため、人のためになる時」は、捨てるのも正しい選択と言えましょう。

これで第1章を終わりますが、読者の皆さまの人間としての正しい哲学、ご判断、ご活躍を心から期待しております。

第２章　２０１１年から２〜３年が大変化の頂点と思われる

（本章は２０１２年４月１日〜５日に記しました）

――すでに、時代の変化に突入中――

去年の3・11大震災は、私の親しい知人たちの検証によりますと、ある陰謀グループの「日本を狙った人工地震」であり、大津波であったという説が強くあります。

こんなことは考えたくないのですが、たとえば飛鳥昭雄さんや泉パウロさん、それにベンジャミン・フルフォードさんが『ザ・フナイ』(船井メディア刊の月刊誌)に書いていること、あるいはメルマガで述べていることなどで、100%の否定ができないように思えます。

検証については泉パウロさんの『本当かデマか、3・11「人工地震説の根拠」衝撃検証』(2011年8月、ヒカルランド刊)や『驚愕の真相、3・11人工地震でなぜ日本は狙われたか』の〔1〕〔2〕(2冊とも2012年2月、ヒカルランド刊)を一読しますと、泉さんの職業=純福音立川教会牧師や人間性、検証能力からみて否定しにくくなります。

それらにつきましては読者のご判断に委せるとしましても、3・11震災を機に、日本だけではなく世界中が大きく変わったのは肯定せざるをえないと思います。

それだけではありません。いま世の中全体が、去年から大変化の最中にあることは、少し勉強している人なら全員が感じていると思うのです。

いま、私の机上には『ザ・フナイ』と『玉響《たまゆら》』という届いたばかりの2冊の月刊誌の2012年4月号が置かれていますが、たとえば『ザ・フナイ』では、五井野正さん、中矢伸一さん、飛鳥昭雄さん、滝沢泰平さんなどが、「太陽の変化」「ポールシフトの進行」「世界的な動物の大量死」をはじめ、日本では「富士山の異変」「フォッサ・マグナの変動」など無視できない大変化が去年から進行中で、今年と来年には頂点に達するだろうと警告をしています。また『玉響』（東光社刊＝FAX048・658・1556）では、中矢伸一さんが〈「逆律」の世から「順律」の世へ〉と題して、「日月神示」（本書の第3章で説明します）とともに次のように論じています。

「七六五」から「五六七」へ

今、世の中はスパイラル状に収束に向かって進んでいるという考え方がある。その回転は「逆律」であり、やがて加速度的に速くなる。そして臨界点に達したところで、一気に反転し、「順律」のリズムを刻みながらスパイラル状に発展の方向に向かう。

逆律の世の中では、いろいろな物事が逆さまである。悪がはびこり、善は肩身の狭い思いをする。不幸現象が蔓延し、やがて世界全体が行き詰っていく。これを「七六五」の律ともいう。「七六五」はナムアであり、南無阿弥陀仏のナムア……にも通じる。

「七五三」も同じである。3歳、5歳、7歳の子供の成長を祝う日本の年中行事だが、「三五七」ではなく「七五三」と逆の数え方をする。また、「注連縄《しめなわ》」も「七五三縄」と書く場合がある。神示に、「この神にシメは要らん」というのは、逆律で正神を押し込めた「型」だからである。

「今までのシメはこの方等《ら》シメて、悪の自由にする逆さのシメざから、シメ張るなら、元のシメ、誠のシメ張れよ。七五三は逆さぞ。三五七ざぞ。天地の息吹ぞ。波の律ぞ。風の律ぞ。神々様の御息吹の律ざぞ」（『夜明けの巻』第十帖）

これが反転し、順律となれば、「一二三」「三四五」「五六七」となる。「一二三」は「ひふみ」、「三四五」は「みよいづ（御代出づ）」であり、「五六七」は「みろく」と読む。

日月神示には、

「一二三、三四五、五六七ぞ、五の年は子《ね》の年ざぞよ」（『日の出の巻』第二帖）

「一二三の仕組が済みたら三四五の仕組ぞと申してありたが、世の元の仕組は三四五の仕組から五六七の仕組となるのぞ、五六七の仕組とはミロクの仕組のことぞ」（『富士の巻』第四帖）

「三四五から五六七の世になれば、天地光りて何もかも見えすくぞ」（『富士の巻』第六帖）

という具合に、この言葉がたくさん出てくる。

「五六七（みろく）の世」とは、順律の世を表している。つまり、宇宙のリズムに則し、神の息に完全に乗り合わせた時代の到来である。この世の中では、すべてのものが和し、愛と光に満ちた〝嬉し嬉し〟の社会となる。こういうことが、抽象的ながら、日月神示に書かれてある。

「ひふみ祝詞」を奏上する時、三五七・三五七……のリズムに区切って宣《の》り上げるとよいとも示されている。

「一二三祝詞する時は、神の息に合わして宣れよ、神の息に合わすのは、三五七・三五七に切って宣れよ」（『下つ巻』第七帖）

この「三五七・三五七」は、「七五三・七五三」とは反対のリズムであることに気づかれるだろう。正神を押し込めて岩戸をシメるリズムではなく、岩戸を開くリズムである。岩戸を開いて正神にお出まし頂くのである。その岩戸開きの唄とも言えるのが「ひふみ祝詞」なのである。

「ひふみ祝詞」を唄いながら舞いを舞った最初の神様は、「天の岩戸開きのくだりで登場する「アメノウズメノミコト」と伝えられている。「ひふみ祝詞」は岩戸開きの歌でもあるのである。だから『磐戸の巻』第一帖には、「岩戸開くには神人共にえらぎ賑わうのざぞ、神憑かりして唄い舞うのざぞ、ウズメノミコトいるのざぞ。ウズメとは女のみでないぞ、男もウズメざぞ」と出て来るのだ。こういう一つ一つに意味がある。

今、「七六五」の世はいよいよ行き詰まりを見せ、臨界点に達したところで「五六七」の世へとひっくり返ろうとしている。その胎動はすでに現れている。

なお、こんな説明は、日本語だからこそ何とかできる。合理性はないかもしれないが、何となく意味は通じる。しかしこれを英語に訳したら、まったく意味がわからない。日本人にしかわからないのだ。日本人というより、日本語を使いこなせる人ということになろう。その意味では、日本人には「岩戸を開く」という重責が負わされているいると言えるのである。

誰でもマコトの心で「ひふみ祝詞」を唱えれば、命は生き生きと息づくし、邪気は祓われるし、自然と順律のリズムの中に生きるようになる。そしてマコト心を持った大勢の人が「ひふみ祝詞」を唱えれば、手力男命《タヂカラオノミコト》の力を借りなくても、岩戸は自然と開き、マコトの神がお出ましになるのである。

新しき　御代のはじめの　辰の年
現れ出でましぬ　隠れいし神

幽り世も　顕し御国の一筋の
　光の国と　咲き初めにけり

――「五十黙示録」『五葉之巻』補巻
『紫金之巻』第九帖

また同書の中で、濱田政彦さん（作家）は、山口敏太郎さん（時事評論家）と、次のような対談を行っています。

山口　これは濱田さんから指摘されて気がついたのですが、最近リメイクされた映画『日本沈没』では日本は全部沈まずに福島だけ残るのですよね。これはハリウッド映画だと世界を牛耳る闇の勢力からのメッセージだと言われていますよね。

濱田　そうですね。シンクロニシティにしては出来過ぎですね。日月神示では『北から攻めてくるぞよ』と予言されていますよね。今回は厳密に言えば東北ですが、丑寅《うしとら》、東北。今度は未申《ひつじさる》、西南です。ちなみに『日本沈没』では阿蘇山が噴火していますね。

山口　現実に阿蘇山は危険だったらしいですよ。和歌山説もありましたよね。南海大地震がもう一回来るんじゃないかと噂になりました。

濱田　和歌山は、震災の前に深海探査船ちきゅう号が掘削をして失敗していましたよね。直接的な原因かどうかはわからないけど、ドリルで掘って、岩盤の中に放射性物質の入った装置を忘れて来てしまった(パイプを忘れたという説も流れている)。ネットでも当局の始末書が読めるようです。

山口　それは怖いですね。と学会の人が、ちきゅう号で一生懸命働いている日本人達の誹謗中傷になるから、ちきゅう号が悪いなんて言ってはいけないと発言していましたが、それはどう思いますか?

濱田　私の見た動画のキャプチャーでは、確かに働いている方は日本人なんですけど、実際に掘削に関わるのは外国の石油メジャーの方達らしいですよ。日本人はタッチしていないらしいです。

山口　現場で作業している日本人はいないのですか?

濱田　船を貸して、段取りまでは作るけど、実際に現場で器具を使って作業や調査をしているのは、全員外国人だそうです。日本は機材を貸し出しているだけで丸投げのような形ですね。

山口　濱田さんの見解では東北の地震はやはり人工地震説が可能性が高いということですか?

濱田　うーん。そうですね。もともと起こりそうな場所に何か細工をしたというのが本当じゃないかと思います。これは全くの推測なんですが、太陽フレアを含めて宇宙という単位で地球の変動を研究しているのであれば、すでにアメリカは地震を予知できているんじゃないかなと思いますね。

山口　確かに今回もアメリカ人は一人しか死ななかったのですね。阪神大震災でもアメリカ人の死亡者はゼロですものね。確かに怪我をした人はいますけど、死んだ人はゼロですね。あれだけ白人が多い国際社会・神戸で白人が一人も死なず、死んだのはアジア系とアフリカ系が少しだけ。今回も仙台という大都市が入っていて、今は阪神大震災の時と違って人がいっぱいいいるじゃないですか。それで有色人種しか死んでないというのは有り得ないですね。だから予知してる人間が逃げてるという可能性は否定できないです。だから人工地震を起したかどうかは別にして、予知していた彼等だけ逃げている可能性はありますね。

さらに「ＩＮ・ＤＥＥＰ」さん（本名オカ・ヤスヒロさん、真実情報発信家）は、地球環境の急激な変化が起きているとし、「ポールシフトがすでに進行中」と実例をあげて説明していますし、「昨年はじめから鳥や海洋生物の大量死の急増」を具体的に実例をあげて述べています。

2冊の月刊誌だけでも、こんな状況です。

はっきり言いまして、世界の大事な情報の最先端を知っていると思える私にとりましては、2011年から2~3年の間は、世の中が大きく変化する頂点の時だと思えてならないのです。ということを一応述べたうえで第2章の説明に入ろうと思います。

1．1990年代後半に、地球人に大影響を与えたレプティリアン（?）というか異星人は地球域から去っていった

――どう考えても、地球人類はレプティリアン（?）か特別な異星人に利用されていたようだ――


本書の第3章で「聖書の暗号」と「日月神示」について述べます。まだ説明していませんので、読者には分かりにくい点が多いと思います。できれば、先に第3章の第1項の〈「聖書の暗号」と「日月神示」の予測はよく当たる〉を、お読みいただければと思います。

本題に入ります。

私がレプティリアン（爬虫類人）と地球人類に何か関係がありそうだということを知っ

たのは、もう10年くら前になります。デイヴィッド・アイクの有名な大著“The Biggest Secret”の日本語訳の『大いなる秘密』（上下巻の訳あり、ともに２０００年、三交社刊、日本語訳の題名は、上巻が『爬虫類人』で下巻は『世界超黒幕』です。ともに太田龍さんの監訳です）を読んでからです。

その後、青木日出夫編の『図説エロスの世界』（１９９７年河出書房新社刊の表紙が、レプティリアンと人間の交合の有名な絵を使用していることを知り、びっくりしました。

さらに、グラハム・ハンコックとエハン・デラヴィ両氏の共著『人類の発祥、神々の叡智、文明の創造、すべての起源は「異次元」にあった』（２００６年10月、徳間書店刊）を読み、アタマの中で整理できていない時に、太田龍さんと『日本人が知らない「人類支配者」の正体』（２００７年9月、ビジネス社刊）という共著を出すために、はじめて会ったのです。

彼は、人類の支配者は、デイヴッド・アイク説のように異星の知的種族であったレプティリアンに間違いない……という強固な信念の持ち主でした。私はまったく信じていませんでした。

２人で、どんなことを議論したかは、ビジネス社刊の同書をお読みください（最近ヒカルランドから再版されましたので、入手可能と思います）。

しかし、レプティリアンか、レプティリアンもどきのような異星人にまちがいなかった可能性が高いようだ……と思いはじめたのは、「聖書の暗号」に詳しくなった、まだ2〜3年前のことです。

その辺のことは、拙著『「聖書の暗号」の大事なポイント』（2010年9月、ヒカルランド刊）の109ページより詳述しています。

日本における「聖書の暗号」解読の2人の大家は、1人が伊達巌さん、そしてもう1人が稲生雅之さんですが、このレプティリアンのような存在がサムシング・グレートに命じられて、納得して1990年代後半に「地球域から去った」という暗号を見つけたのは稲生さんです。

伊達さんも、下表のような暗号を見つけてくれました。

ともかく、「シークレット・ガバメント」とか「闇の権力者」

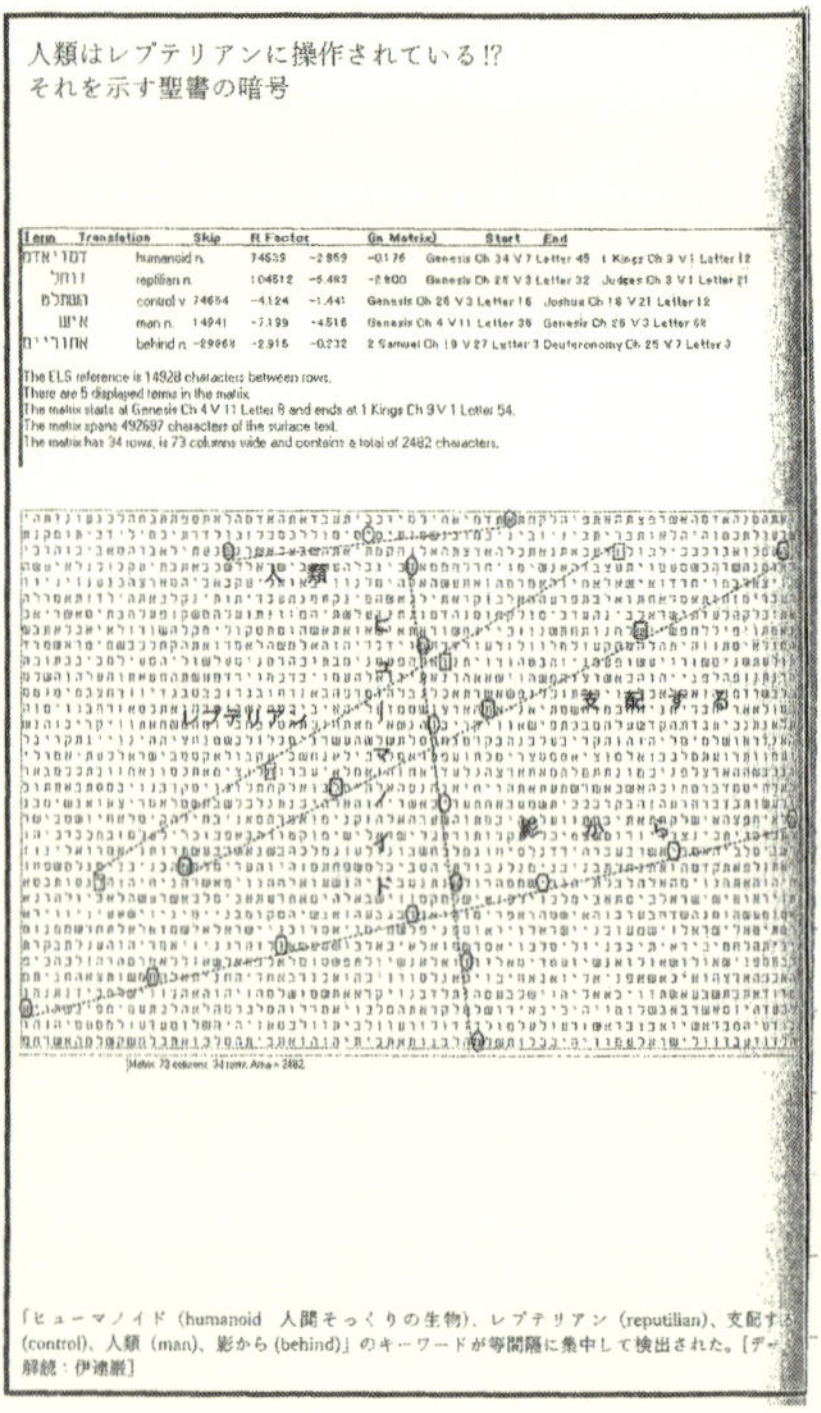

「ヒューマノイド（humanoid　人間そっくりの生物）、レプテリアン（reputilian）、支配する（control）、人類（man）、影から（behind）」のキーワードが等間隔に集中して検出された。［データ解読：伊達巌］

「闇の支配者」と言われていた本家本元の地球人類を搾取し奴隷化しようと考えていたレプティリアンもどきは、もう地球や地球域にはいなくなったと言えそうなのです。

このようなことを言えるのは、私は伊達さんや稲生さんと親しく「聖書の暗号」についても詳しくなったからで、これは断言できそうに思います。

だから、21世紀に入ってから、急速に「闇の権力者」、たとえばサバタイ派などは力をなくしています。とは言え、いままで、われわれ地球人類は、このレプティリアン（？）か、異星人たちに見事に利用されていたようだと思えてなりません。

詳しくは「聖書」とか「聖書の暗号」についての私見とともに、述べますが、それらについても、第3章の第1項で書きたいと思っております。

2．資本主義も、いままでの社会システムも一変する

――矛盾は、いつまでも続かない――

2010年代には、資本主義は形を変えるか、崩潰するだろう……というのは、1980年代前半からの私の予測でした。

そのことを多くの著書に記し講演のたびに話しましたので、当時の識者からは「変な目」で見られました。

その一方で、「資本主義の変型にならざるを得ない共産主義は、1990年代には、システムとして機能しなくなるはずだ」と70年代から言っていたからです。いま考えますと、ともにこの予測は当たりましたと言うより当たるでしょう。

90年代前半のソ連の崩壊、さらに最近の米欧先進国の苦難ぶりを見ていますと、所詮、各人間が自分の金銭や権力的利得を、もっともっとと追求する社会システムは、永続しえないのが当然だと、あらためて思います。


まず、これらにつきましては、いままで多くの本などに書いてきましたので、比較的最近に出しました拙著から、文章を修正しながら引用いたします。

それは「いよいよ断末魔の最終章が始まった」というサブタイトルで2008年11月にダイヤモンド社から出した拙著の冒頭の文です。

『断末魔の資本主義』に書いた通りのことがいま起きている

2002年1月31日、徳間書店から『断末魔の資本主義』という拙著が出版されました。

　１９９８年にアメリカのヘッジファンド、ＬＴＣＭ（ロングターム・キャピタル・マネジメント）が破綻し、さらに２００１年12月にアメリカのエネルギー会社、エンロンが倒産したので、それまで「資本主義は２０２０年くらいまでもつだろう」と言っていた私が、「そんなにもたないだろう」と思って書いた本です。

　この本はすでに絶版になっていますが、とてもよく売れました。しかし、当時、こんなことを言う人はほかにいなかったので、２００２年の２月にある銀行の依頼で講演したとき、その銀行の頭取から次のように言われました。

「この本を読んでいたら、船井先生には絶対に講演をお願いしなかったでしょう。資本主義が潰れるなんて、そんなバカなことはたとえ冗談でも言わないでください」と。

　講演の依頼のあったのが２００１年の10月頃でしたから、そのときは、この頭取は当然のことながら『断末魔の資本主義』を読んでいなかったのです。まだ同書は発刊されていませんでした。

　しかし、いままさにこの本に書いた通りになろうとしています。これについて、私にいつも独自の視点から情報を送ってくれる経済予測のプロといっていい友人の朝倉慶さんが、彼のレポートに次のように書いています。おおむね原文のまま、ここで紹介します。

朝倉慶さんの08年9月28日付レポートより抜粋

◉断末魔の資本主義

このまま進めば、2010年頃までに資本主義は崩壊するのではないか。名著『断末魔の資本主義』は2002年1月に発刊されました。当時から話題の本でしたが、船井幸雄先生の本はほとんど読んでいる私にとっても衝撃的で、今でもバイブルにしている大事な一冊です。そして、まさに今、先生の予想通り、資本主義は断末魔の様相を呈してきたのです。本から引用します。

「経営者、学者、政治家、官僚など、多くの外国人を個人的に知りました。そのなかの何十人かとは非常に親しくなりましたが、そのほとんどはエリートですし、マクロに世の中の情勢を把握している有識者といっていい人たちだと思います。

彼らと親しく本音で話して私が知ったことは、彼らすべての人が、『資本主義は根元的に矛盾をもった社会制度であり、永続は不可能である。発展すればするほど、制度として行き詰まるだろうし、近未来には、必ず社会制度上の大変革が必要だろう』

と認識していることでした。

彼らのなかの多くの人が、『物質的なモア・アンド・モアの追求とともに、競争、秘密、浪費、分離、エコノミー（金銭市場主義）などという資本主義のもつ人間のエゴに立脚した方向性は、人間を不幸にし、文明を破壊させ、人間を原始人に逆戻りさせる可能性が高い』と人類の将来を心配しながら真剣に話してくれました」

そして、1990年代はじめのソ連の崩壊、日本のバブル崩壊、債務国のアメリカが、より債務を増やすことで好景気を謳歌するのを見て、

「これらは、資本主義がいよいよ崩壊する前兆だ。二一世紀のはじめには、資本主義は断末魔のあがきをするだろう。近未来の資本主義の崩壊は間違いないと思える」

として、その具体的な例として、エンロンの破綻をあげ、

「エンロンはデリバティブの怪物でもありましたから、資本主義の申し子である究極のマネーゲームといわれたデリバティブへの危機感が、今世界中で高まっています。

（中略）

全世界で想定元本が一京二〇〇〇兆円という一大天文学的数値になっているデリバティブへの不信感は、今後の世界経済にたいへんな影響を与えるでしょう。（中略）
私はデリバティブのバブルは近い将来、崩壊する可能性が高く、それによって、その本家本元のアメリカをはじめ先進国経済の収拾がつかなくなるだろうと思えてなりません。

このように朝倉さんは指摘していましたが、まさに慧眼と言えます。
この朝倉さんは、いまでは岩本沙弓さんとともに、私に、もっとも的確な経済情報と見通しを提供しつづけてくれております。

一方、共産主義は1991年12月にソ連が解体され1917年のロシア革命で誕生した史上初の共産主義政権から現実にはじまったのですが、74年間で、その役割を終えると同時に、崩潰したと同様になりました。
その後も共産党独裁体制を維持してきたのは、中国、北朝鮮、キューバ、ベトナム、ラオスですが、各国とも市場経済化と自由抑圧の権力維持で、それなりに何とか国家体制を維持している状態です。

また、同書には、資本主義についても、おおむね次のように書きました。

いま、私たちの目前で起きている資本主義の崩壊も、サブプライムローン問題が表面化したリーマン・ショックから事態が進むスピードの速さは驚くばかりです。あとから振り返ったとき、共産主義が崩壊したときと同じように、資本主義の崩壊もあっと言う間の出来事だったということになる確率が高いでしょう。

これから資本主義の崩壊はさらにスピードを増し、事態が急進展するのは間違いないように思えます。

資本主義も２０２０年までは持ちそうにない。

１９９０年前後の共産主義の崩壊について、自由主義、すなわち資本主義体制の勝利だと考えた人たちが多くいたようですが、１９８０年ころから、「物や金をもっともっとと追求しなければならない資本主義」は近々に崩れざるをえないはずだと確信していましたので、１９９８年に起きたＬＴＣＭの破綻で資本主義体制下の〝自己中心〟の考え方が究極まで到達したと感じたのです。具体的に、資本主義体制も近い将来、崩壊するだろうという思いを強くしたものでした。

ノーベル経済学賞をとるような学者が、ゲームのような投機にうつつを抜かすのですから驚きです。というより、そういう研究にノーベル賞を与えた資本主義社会の考え方に深い疑問をもちました。

さらに、急成長を続けていたエンロンが２００１年12月に倒産したことにより、ゲームのような投機だけでなく、２万人以上の従業員を抱えるアメリカでも指折り数えられるような企業がとんでもない粉飾決算や架空売上げ、インサイダー取引などを続けていたことが明るみに出ました。

これは、わかりやすくいえば、多くの人に信用されていた一流企業がとんでもない〝インチキ〟をしていたということです。

この事件により、儲かれば何をしてもいい、他人などどうなってもよいという意識が、一流企業の経営者までも毒していることがあらためて明らかになりました。資本主義発展の原動力となっている〝自我〟が、もはやコントロールできなくなって暴走しはじめたことが、常識人にははっきりわかったはずです。

この自我は、〝自分だけを大切に思う気持ち〟、もしくは〝エゴ〟といってもいいでしょう。人間は、肥大したエゴをもはや理性でコントロールできなくなってしまったと言えそうです。

このようなエゴの肥大と暴走は、資本主義だけの問題ではありません。共産主義を崩壊させることになったのも、同じように肥大したエゴでした。

　もともと資本主義も共産主義も、エゴをもっとも大切にする「近代」が生んだ社会システムです。ともに、ヨーロッパで封建制度が崩壊するなかで〝個の確立〟とともに発展し、生まれたものなのです。このような時代を「近代」と言っています。

「近代」は、自由・平等・博愛を三条件として、エゴを大事にするのが特質です。いうならば、エゴを満たすために自由をもっとも大事にする考え方の社会システムが資本主義で、エゴを満たすために何よりも平等を大事にする考え方の社会システムが共産主義なのです。ともに、エゴを最優先した考え方であることに違いありません。

　共産主義は、平等を求めるあいだに、まったく求めるものとは逆に権力を集中させることになりました。ソビエト連邦のヨシフ・スターリンの血の粛清《しゅくせい》では少なく見積もっても72万人、データによっては７０００万人を超える人々が犠牲になったといわれています。またいままでも、北朝鮮では金一族の独裁のもとで圧政（？）が続いているようにも見えます。

　共産主義の犠牲になって死んだ人たちは、最大１億５０００万人に上るというデータがあるほどです。ナチスが殺したユダヤ人は６００万人を超えるといわれていますが、このとんでもない数字が少なく感じられます。

これは共産主義の誤りを端的に示すものですが、ＬＴＣＭの破綻、そしてエンロンの倒産、さらにリーマン・ショック、その後のアメリカの動きやＥＵの矛盾を見せられました。これらは肥大したエゴの存在が「もっともっと」を追求せざるをえない資本主義の矛盾に抜きさしならなくなったことを表わしています。

近々、エゴに根ざした資本主義もいままでの社会システムも必ず一変するでしょう。矛盾は自然の摂理に反します。それゆえに永続しないと思われます。

3. 日本でも東大型人間の時代は終わるだろう

――エセ東大型人間にはならないように――

多分、２０１２年の2月下旬から3月はじめのころに東京新聞に載った記事だと思います。

京大出身で、現在東大教授である安冨歩《あゆむ》経済学博士の発言が「東大話法」ということで載っていました。

東大の学生や東大を出た人は、「20の話し方の法則」に従って話すのが常態化しているというような記事だったと思います。もちろん、その法則も〈規則１〉から〈規則20〉まで詳しく載っていました。が、特にその中でもよく使われるのが４つあると書かれていたのです。

それは〈規則２〉の「自分の立場の都合のよいように相手の話を解釈する」、〈規則７〉の「その場で自分が立派な人だと思われることを言う」、〈規則12〉の「自分の議論を〝公平〟だと無根拠に断言する」、そして〈規則13〉の「自分の立場に沿って都合のよい話を集める」の４つを、上手に使うようだ……ということだったと思います。

私は京大を出た人間ですが、思わず「なるほどなあ、京大人らしい見方だな」と思ったのです。考えてみますと知っている多くの東大卒の人たちは、私の甥っ子を含めて、そのような特性のある気がしてきました。

現在の日本のリーダーには東大卒が多いと思います。特に中央官庁のキャリア官僚や政治家には多いと言えます。

確かに彼らには、このような特性というか京大卒の人間からみると、お互いにまったく違う学風だなと思う学風がありそうです。

ちなみにまとめますと次頁の表のようになります。

一般論での京大・東大の学風のちがい

京大の学風	東大の学風
反権力、反権威的 自由が好き、他人もしばらない 世のため人のためが何より大事 個性的	権力、権威好き 規則が好き、他人をしばるのが好き 自分のためが何より大事 規格的

※私は京大卒なので、京大にひいき目なところがあると思います。なお以下は私の目から見た東大卒業者の特性です。

①自分はいつも正しい……と考えているように見える
②自分はよく知っており、賢明だ……と思っているように見える
③自分は正義である……と思っているように見える
④批判は「許さない」態度をよく見せるようだ
⑤時々は恫喝、脅迫的態度を他人に対して見せる
⑥京大とは対極にあるようにも思える
⑦以上はすべて独断と偏見の交ったものだが、日本のリーダーは東大的、大衆は京大的なように見える

東大卒者というより東大人には、独自の学風と哲学があるのでしょう。それは私には分かりません。京大の遺伝子は〈①自由が何より大事、規則や条件、しばりはないほうがよい。②自分のために生きることも大事だが、それよりも、「世のため、人のために生きるのが正しい」という人生哲学のようである。③各自の個性にあった大志を持つ〉ということだと、私は学生時代からルール化して生きてきました。

東大を出たわけではないし、東大のことはほとんど知りませんので、官僚、政治家、経済人などの知人らから、気楽にルール化しただけですが、安冨さんの意見はよく分かりました。

彼は、東大を出ていないが、東大型という人がいる……として野田首相（早大卒）、枝野経産相（東北大卒）、そして橋下大阪市長（早大卒）を例にあげていました。これも「なるほど」と思いました。

３人とも、立派なすばらしい人ですが、時々は私の意とまったくちがう言動をしますので、多くの京大卒者にはおおむね人気がないのではないかと思います。

ここで、世の中の流れを見ますと、どうやら東大型発想の時代は終わったようです。東大生や東大卒でもないのに、東大型発想で生きる人は、かなり注意したほうがよいようです。

こういう人を「エセ東大型」と言います。できれば、エセ東大型にならずに、なるのなら京大型を目ざしてほしい……と私は言いたいのです。

霞ヶ関や三宅坂、さらに大手町、丸ノ内周辺も、必らず近々に大衆化して様変わりしそうに思えるからです。

これからは民主主義ではなく大衆主義の時代になりそうです。

第3章　近未来（10年くらい先）には、「ミロクの世（？・）」になる

（本章は2012年4月7日と4月10日に記しました）

――地球人にとって理想的社会が到来しそうだ――

未来のことは、われわれ一般の人間にはほとんど分かりません。

一般人に分かっているのは、「未来は、われわれもつくるのだ。だから、それは決まっているわけではない」ということぐらいです。

私も、つい最近までは、そのように思っていました。

しかし、最近は、この考え方をかなり改めつつあります。

世の中には、未来のことを、かなり確実に知っているらしい……と思える存在がいるというか、いたと考えられるからです。

そのために、まず、私が「聖書の暗号」を、どのようにとらえているかを、先に述べましょう。

では説明をはじめます。

① どう考えても、未来予則である数多くのことを、少なくとも、いまから1万年以上も前に「聖書」とともに暗号コードを設定した存在、いわゆる「聖書の暗号」を、まずコード化したのは高度な知的レベルに達していた異星人（異星の知的存在）らしい（以後「異

星人」と、ここでは記します）。

②　もちろん「聖書」をつくったのも、①の異星人らしい。

③「聖書の暗号」には、人類を脅し、人類によくないことが起こるのを教えると思える「悪のコード」と、その逆に人類に希望を与え、悪いことへの対処法を教えてくれる「愛のコード」の2種類がある。この「悪のコード」は①、②で述べた異星人によってつくられたと思われる。

④　一方「愛のコード」はムーのさいごの王の「ラーマ」によって、ムーが海に沈む直前に急遽《きゅうきょ》、付加されたコードだと思われる。いま私の知っている「愛のコード」はまだ100件くらいしかないが、ラーマはこれを付加して自らも海中に没したようだ。

⑤「聖書」や「悪のコード」を創った知的レベルの高い異星人は、現在の人類を完全に彼らの思いのままになる奴隷的存在にしてしまうために、このような行為をしたと考えるのが至当であるようだ。

⑥「聖書の暗号」については、3人のイスラエルの科学者、ドロン・ウィッタム、エリヤフ・リップス、ヨアフ・ローゼンバーグによって、「創世記における等距離文字列」という題名で、1994年にアメリカの数学学術誌“STATISTICAL SCIENCE”の8月号の429〜438ページに発表された。その正当さについて当時の同誌の編集長のロ

バート・E・カス博士（カーネギー・メロン大学教授）は、次のように述べている。

「論文の審査に当たった専門家たちは困惑した。創世記に現代の個人に関する意味ある情報が収められていようとは、とても信じられないからである。しかし、われわれは論文の執筆者たちの念入りな分析と検証を受け入れ認めざるをえなかった」と。事実、この論文が発表されてからいままで、十数年以上も経つが、反論は誰からも出ていないのである。
⑦ われわれ人間は、まだ知的にも意識的にも不完全なので、サムシング・グレートの管理下にあると思われる。それは人類全体にも個々人についてもニルバーナに存在するといわれているアカシックレコードの記録から分かるようだ。
それは、いまより約2万6000年前から西暦6732年までの分があるようだ。
⑧ ①、②で述べた異星人やムーの最高位の神官、あるいは国王クラスのエリートは、アカシックレコードを読むことができたと思われる。
⑨ ムーには、人類とともに①、②で述べた異星人も同居していたようである。
⑩ この異星人たちは西暦2000年ごろ（ちょうど、いまの時代）を目途に人類を完全に彼らの傘下に入れ奴隷化するとともに、アカシックレコードの書き換えまでも目標にしていたようにさえ思われる。
⑪ しかし、サムシング・グレートにより命令され、この異星人たちは1990年代後

半に地球域から半強制的に立ち去らされたもようだ。賢明な彼らは自らの行おうとしていた行為の不自然さと間違いに気付きそれらの事情を十分に納得して、地球域から去ったようである。

⑫　いま地球では、この異星人たちに洗脳された一部の人間が、自分たちの権力維持のためのさいごのあがきをしているようだ。俗にフリーメーソン、イルミナティあるいはサバタイ派ユダヤ人などと呼ばれ「闇の勢力」とも言われている人たちだが、彼らの力も急速になくなると思われる。

⑬　２０１１年10月28日までは、サムシング・グレートが人類を完全に見守ってくれていたようだ。この日は「聖書の暗号」にも、もっとも大事な日と出てくる。

⑭　２０１１年10月29日からは、正しい考え方と行動のできる人たちの考えるような地球、あるいは地球人に、おそらく地球世界は急速に変わると言えそうに思える。

⑮　２０２０年ごろ、おそくとも２０２５年ごろまでには、人類は、エゴと金銭から解放されたすばらしい種族になり、すばらしい世の中をつくりそうである。いわゆる「ミロクの世」である。

⑯　いまの資本主義は近々崩壊するようだ。資本主義的発想で言うと、これからは景気はよくならないだろう。ＧＤＰ信仰も、役に立たなくなるだろう。

⑰　いままで「聖書の暗号」として具体的に表出してきた中の99・9％は「悪のコード」によるものと言えそうである。これらは、真のよい世の中づくりをストップさせるためのものと言えるようだ。具体的には、それらには次のようなものがある（以下、日本についての事例を中心にあげてみる。これらは、みんな「悪のコード」と言えそうである）。

○1687年　ニュートンの万有引力仮説（現在、これは、重要なまちがいのあることが分かっている）
○1867年　坂本龍馬の暗殺
○1915年　アインシュタインの相対性理論仮説（現在、これも、大事な点でまちがいのあることが分かっている）
○1945年　日本への原爆投下
○1963年　ケネディの暗殺
○1995年　阪神・淡路大震災
○1995年　地下鉄サリン事件
○2001年　小泉首相の登場
○2002年　鈴木宗男の逮捕

○2004年　植草一秀事件
○2008年　リーマンショック
○2008年　秋葉原無差別殺傷事件
○2010年から2015年にかけての尖閣諸島事件やイラン、イスラエル戦争

⑱「アカシックレコード」や「聖書の暗号」の存在自体は量子論的考え方で解明できそうである。

⑲今後の正しい生き方は「聖書の暗号」によると「日月神示」に詳述されているという。そこには今後の変化と対処法も書かれていると考えてよさそうである。

⑳「聖書の暗号」の分析ソフトを見つけるのはユダヤ人。しかし正しく解析するのは日本人のようである。

㉑「聖書の暗号」についての大事なポイントは拙著『「聖書の暗号」の大事なポイント』（2010年9月、ヒカルランド刊）と『2011年からの正しい生き方』（2010年12月、ヒカルランド刊）に、大要がまとめられている。

ただし、「以上の21項目の仮説が完全に正しいか」と問われますと、そこまでの自信は

私にはありませんが、「大筋は正しいのではないか」……と思っています。

問題は「聖書の暗号」には、人類の向上を妨害するような「悪のコード」と、人類の向上をバックアップすると思える「愛のコード」があり、これの見分け方がむずかしいことなのです。私は2年くらいの研究と実践で、ようやく見分けられるようになりました。

この中で「どうしてニュートンの『万有引力仮説』や、アインシュタインの『相対性理論仮説』が、『悪のコード』なのだ」という質問が、最近は時々きます。

私には、専門外なので物理学のことははっきり分かりませんが、これらにより核やHAARP（地震兵器）が開発され悪用されているから（?）だ、とも思えます。ともにこれらは「愛のコード」ではなく、「悪のコード」だと思えるのです。

話は変りますが、「聖書の暗号」には、私の名前や、私に関することが数多く出てきます。それを知ったのも1つの理由になって、「聖書の暗号」について勉強しました。

ただしクリスチャンでもなく、宗教にほとんど興味を持っていなかった私は「聖書」については、過去はもちろん、現在でも、ほとんど何も知りません。ただ、今後、「聖書」の勉強をする可能性はあります。

次に「日月神示」について、本文に入る前に少し説明しておきます。「聖書の暗号」によりますと、私の親友の中矢伸一さんが「日月神示を世の中に伝える人」として浮び上がってきます。これは２００８年2月に聖書の暗号解析家の伊達巌さんによって、「船井幸雄は経営のプロとして経営コンサルタントとして活躍する」ということと同時に、見つけられた「コード」です。

それらは、２００８年3月に徳間書店より発刊された中矢さんと私の共著『いま人に聞かせたい神さまの言葉』の中に、解析図とともに説明されていますので、興味のある方はご覧ください。

この「日月神示」について、中矢さんは、彼の著書『〔人の叡智〕日月神示』（２００９年8月、徳間書店刊）中で、次のように分かりやすく説明しています。

「日月神示」とは、神霊研究家であり天性の画家でもあった岡本天明（１８９７〜１９６３年）の身に「天《あめ》のひつくの神」を名乗る高級神霊が憑《か》かり、心霊現象で言うところの「自動書記」によって降ろされた天啓です。「ひふみ神示」または「一二三《ひふみ》」とも呼ばれています。

原文はほとんどが、一から十、百、千、卍（万）といった漢数字、かな文字、記号めいた文字の交じった特異な文体で構成されており、抽象的な絵のみで書記されている巻もあります。

昭和19年6月10日から伝達ははじまり、天明が昇天する2年前の昭和36年ごろまで断続的に続いたとされます。

あまりの難解さから、当初は書記した天明自身もほとんど読むことができず、後《のち》に仲間の研究家や霊能者たちの協力もあって少しずつ解読作業が進み、ついに「第一仮訳」が完成しました。

内容的には、日本と世界が直面するであろう今後の未来の展開、霊界の実相、宇宙の真理、開運の仕方、病の治し方、人としての生き方――などなど、様々なことが時に具体的に、時に抽象的な表現で盛り込まれています。

「日月神示」には「何年何月何日、どこそこに何が起きる」とした具体的な予言は一切示されていません。しかし戦後から今日までの世の流れは100パーセント的中していると言われています。また、最近「精神世界」でよく言われている「感謝の気持ち」の大切さや「引寄せの法則」のようなことはすでに60年以上前に「日月神示」に書かれていたことです。

さらには2012年に起こると、一部の人には言われている「アセンション」について触れているとも受けとめられる予言的記述が随所に見られるなど、そうした観点からも近年ますます注目を集めていますす（日月神示の基礎知識については、拙著『〔魂の叡智〕日月神示・完全ガイド＆ナビゲーション』２００５年６月、徳間書店刊をお読みいただければ幸いです）。

拙著では、今年（２０１２年）４月に、学研パブリッシングから発刊された『４つの超常識対談』（飛鳥昭雄さんと私の対談書）と『２０１１年からの正しい生き方』（２０１１年１月10日、ヒカルランド刊）の２４３ページから２７９ページをお読みいただければ十分です。あとは中矢さんの著作の『〔魂の叡智〕日月神示・完全ガイド＆ナビゲーション』を読まれますと、一通りのことはお分かりいただけると思います。

ところで、まえおきはこのくらいにしてこれから第３章の本文に入ります。

1．「聖書の暗号」と「日月神示」の予測はよく当たる

――前者は九十数％以上、後者が１００％当たってきた理由は？――

まず、「聖書の暗号」の中に「日月神示で述べられていることは正しい」と取れる表現

が何カ所も出てくるのです。それらは「愛のコード」だと思われます。それらにつきましては前述の拙著『2011年からの正しい生き方』（ヒカルランド刊）の45ページから76ページに大事なことを記していますので、興味のおありの方はぜひお読みください。

ここでは、それらのことを表現しているといえる「聖書の暗号」中から伊達さんと稲生さんによる4枚の解析図を紹介しておきます。

「聖書の暗号」＝「バイブルコード」を読みなれない人には、少しこれを読み解くのはむずかしいかと思いますが、「聖書の暗号」の中に、「日月神示」が大事な神示であることが、いろいろと出てくることだけ

図1　「岡本」「天明」「1897年」「1963年」などを打ち込む

Term	Translation	Skip	R Factor		[in Matrix]	Start	End
אוקמוטו	Okamoto	-26164	-0.898	1.275		Deuteronomy Ch 9 V 7 Letter 10	Exodus Ch 21 V 19 Letter 15
טנמאי	Temmei	32705	-3.511	-1.338		Genesis Ch 27 V 14 Letter 25	Leviticus Ch 16 V 29 Letter 24
התרנח	Year 5658		-19618	-3.565	-1.392	Exodus Ch 37 V 6 Letter 10	Genesis Ch 38 V 12 Letter 31
כסלו	Kislev	-65406	-4.655	-2.482		Numbers Ch 22 V 24 Letter 9	Genesis Ch 24 V 18 Letter 30
התשכג	Year 5723		-3	0.861	3.034	Leviticus Ch 13 V 58 Letter 56	Leviticus Ch 13 V 58 Letter 44
ניסן	Nisan	-6537	-3.712	-1.539		Deuteronomy Ch 9 V 7 Letter 38	Numbers Ch 34 V 3 Letter 11

The ELS reference is 6541 characters between rows.
There are 6 displayed terms in the matrix.
The matrix starts at Genesis Ch 24 V 17 Letter 31 and ends at Deuteronomy Ch 9 V 7 Letter 50.
The matrix spans 235531 characters of the surface text.
The matrix has 37 rows, is 55 columns wide and contains a total of 2035 characters.

図2　バイブルコードにしっかりと刻まれていた日月神示の岡本天明とその生没年月日

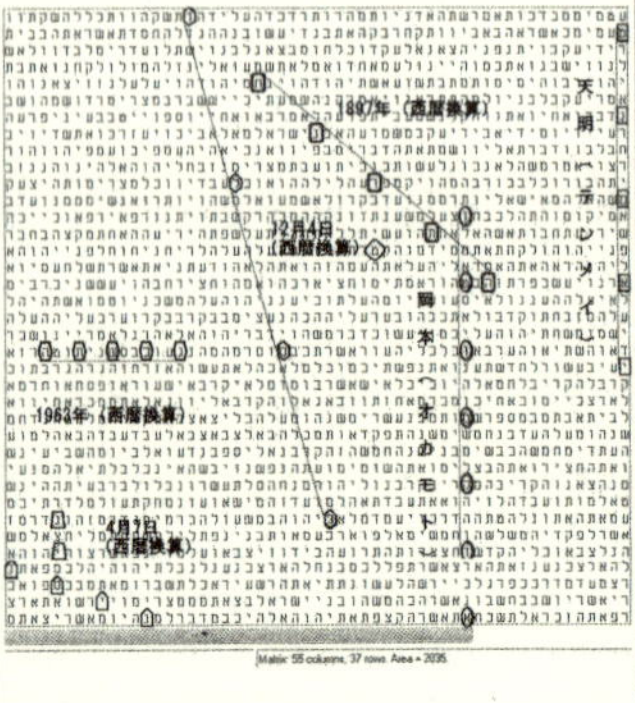

『聖書の暗号《バイブルコード》は知っていた』（徳間書店）より。

図3　「石屋」「フリー」「メーソン」「日月」などを入力検索

Term	Translation	Skip	R Factor		[in Matrix]	Start	End
[illegible]	Automatism		[illegible]	[illegible]	[illegible]	Leviticus Ch [illegible]	Genesis Ch [illegible]
[illegible]	Ishiya	[illegible]	[illegible]	[illegible]		Exodus Ch [illegible]	Genesis Ch [illegible]
[illegible]	Hitsuki	[illegible]	[illegible]	[illegible]		Exodus Ch [illegible]	Exodus Ch [illegible]
[illegible]	Shing	[illegible]	[illegible]	[illegible]		Exodus Ch [illegible]	Genesis Ch [illegible]
[illegible]	Free	[illegible]	[illegible]	[illegible]		Numbers Ch [illegible]	Genesis Ch [illegible]
[illegible]	Mason	[illegible]	[illegible]	[illegible]		Exodus Ch [illegible]	Exodus Ch [illegible]
[illegible]	channel v		[illegible]	[illegible]	[illegible]	Exodus Ch [illegible]	Genesis Ch [illegible]
[illegible]	Satan	[illegible]	[illegible]	[illegible]		Numbers Ch [illegible]	Exodus Ch [illegible]

The ELS reference is 1919 characters between rows.
There are 8 displayed terms in the matrix.
The matrix starts at Genesis Ch 10 V 12 Letter 26 and ends at Numbers Ch 22 V 32 Letter 22.
The matrix spans 215034 characters of the surface text.
The matrix has 113 rows, is 106 columns wide and contains a total of 11978 characters.

図4　「日月」「神示」「石屋」「フリー」「メーソン」「サタン」の関連を示すバイブルコード

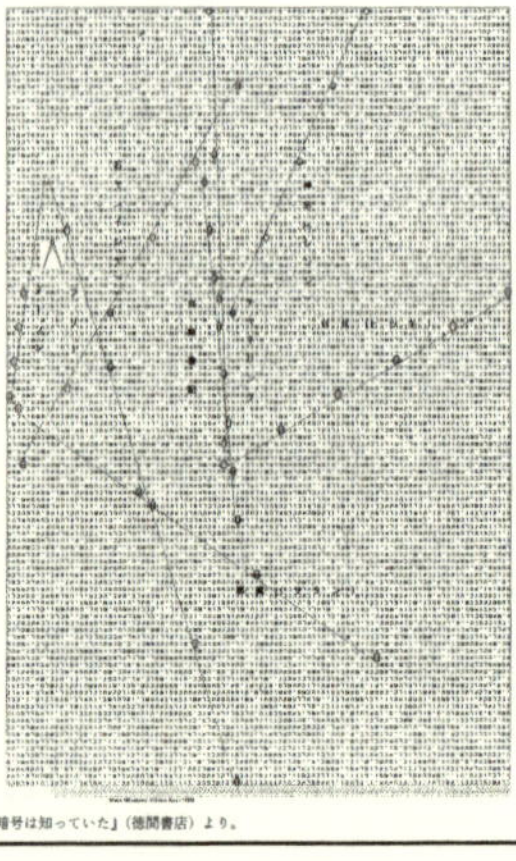

『聖書の暗号は知っていた』（徳間書店）より。

はご承知おきください。

なお、より詳しく知りたい方は、最低限、つぎの5冊の本をお読みいただければよいと思います。それらは……

①マイケル・ドロズニン著、木原武一訳、1997年8月、新潮社刊『聖書の暗号』

②伊達巌著、2010年2月、徳間書店刊『聖書の暗号は知っていた』

③イオン・アルゲイン（稲生雅之）著2010年7月、徳間書店刊『聖書の暗号は読まれるのを待っている』

④船井幸雄著『聖書の大事なポイント』

⑤船井幸雄著『2011年からの正しい生き方』……の5冊です。

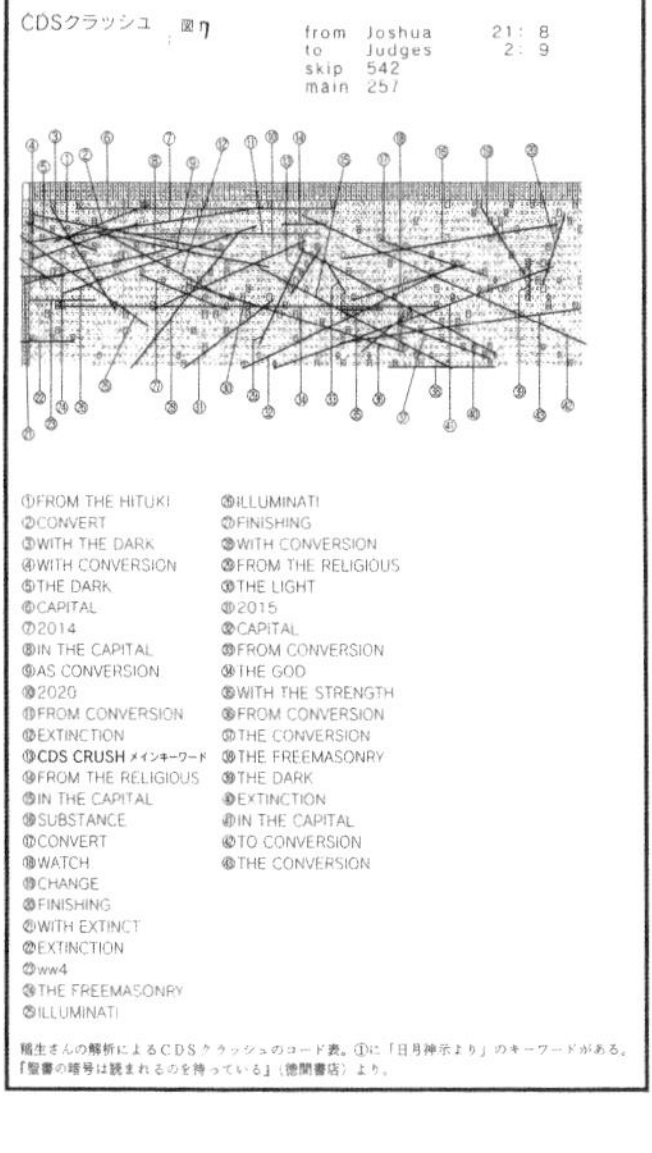

稲生さんの解析によるCDSクラッシュのコード表。①に「日月神示より」のキーワードがある。「聖書の暗号は読まれるのを待っている」（徳間書店）より。

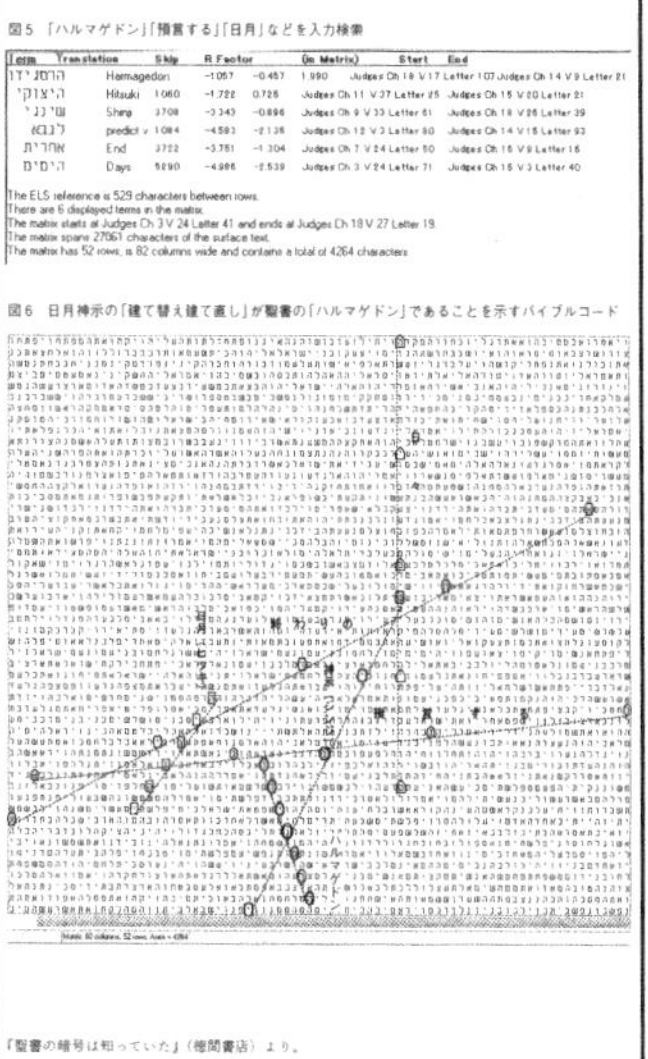

「聖書の暗号は知っていた」（徳間書店）より。

ところで、この「聖書の暗号」に出てくる事項につきましては、1995年末までのことは、ほぼ100%当たっており、その後は外れ出したとはいえ、いまなお九十数%は当たるもようなのです。

なぜ当たるのかについては、いまのところ、はっきりとは断言できませんが、私見ではアカシックレコードに従ってつくられたのが「聖書」であり「聖書の暗号」と考えざるをえないゆえです。

それが90年代後半から、外れ出したのは、本書で既述しましたようにこれらをつくったと思えるレプティリアン（?）とも言えるような知的存在が地球域から去ってしまったのと、地球人類が進化したため、徐々にですが、「決められていた世の中の仕組み＝システムに変化がおこり出したからだろう」と、私は思っています。

多分、「日月神示」で書かれていることも同様だと思うのですが、中矢伸一さんなどの調査、研究によりますと、いまのところ「日月神示」は100%当たっている……ということです。

ただ、地球人類がより進化しますと、2011年10月28日以降は、「日月神示」のほうも、神示どおりにならないかもしれません。とは言え、未来は、われわれの人間性に応じてわれわれも参加してつくれるはずのようです。

日月神示は、「正しい生き方」と「ハッピーエンドの〈ミロクの世〉が近々に到来する」という、うれしい神示です。

そのように解釈して中矢伸一著の次の2冊くらいは、ぜひお読みください。

1冊は『ついに始まった大禊祓い日月神示』（２０１１年5月、ヒカルランド刊）であり、あとの1冊は『ミロクの暗号』（２０１２年1月、徳間書店刊）です。

後著において中矢さんは以下のように述べています。私の解説を入れながら説明します。

「ミロクの世」というのは完全無公害にして無尽蔵のエネルギー技術が現れる、電気がタダになる、道路が要らなくなる、医者も薬もほとんどいらなくなる、人々は健康で病気にならなくなる……。

そうなると、それらを飯のタネとしていた大勢の人々は、現実に困ってしまいます。

現在のような社会の仕組みにしてお金が動き、お金が儲かる仕組みをつくったのは、何も闇の勢力だけではありません。いまの社会全体がそのような仕組みで動くようになっているわけであり、皆がその仕組みから経済的恩恵を受けるようになっています。それが根本から覆るとなると、世界的混乱をきたすことは容易に想像できます。

そこに至るまでには、まだまだ混乱もあるし、様々なレベルでの抵抗もあると思います。

しかし、はっきり言えることは、この流れはもう誰にも止められないようだ、と中矢さんは考えています。

そして彼は次のように「日月神示」の説明をしています。

ミロクの世の文明は迷惑な副産物を全く出さない文明

日月神示によると、私たちは土とまつろい、土とともに生きることがよしとされます。神示には「土を拝《おろが》め」という言葉もたくさん記されています。そこだけを抽出して見ると、日月神示は農本思想に近い要素を持っていると言えるでしょう。

しかしそれは私たちに、自給自足の未開人になれと言っているわけではありません。神示をよく読むと、そこにはより高度な科学技術が「土」に象徴される地球全体の生命と和し、共に栄える方向に進むことが御神意であると見てとれます。

神示には、次のことがはっきりと記してあります。

「今の文明なくなるのでないぞ。魂《たま》入れて、いよいよ光りてくるのぞ、手握りて草木も四ツ足もみな唄うこととなるのぞ」（『地つ巻』第十一帖）

「今の文明なくせんと申してあろうが、文明残してカスだけ無《のう》に致すのぢゃ。取り違い慢心致すなよ」（『風の巻』第五帖）

文明は残す、カスだけなくす、と神示では宣言されているのだから、神示を「１００％実現する」と考えますと、ミロクの世には、いまよりも高度に発達し、洗練された科学・技術が登場することになると考えられます。

いまの科学・技術を実用化すると、迷惑な副産物が一緒に生まれるようになっています。例えば、石油のような化石燃料を燃焼させると二酸化炭素が発生する。原子力発電をやると放射性廃棄物が出るし、電子レンジを使うと有害電磁波が発生するし、薬を服用すれば副作用があります。

ミロクの世では、こうした副産物（カス）がまったく出ない技術が登場するのでしょう。いまの文明は、発達すればするほど環境を汚染し、資源を枯渇させ、生態系を破壊し、それらは巡りめぐって、人類が自らの首を絞めることになります。

ミロクの世の文明は、発達すればするほど、地球上のあらゆる生命にとってよくなる、犠牲や代償を伴わない文明だと思われます。それが「日月神示」に示唆されているのです……と。

「犠牲になることを尊いことぢゃと申しているが、犠牲に倒れてはならん。己を生かす為に他を殺すのもいかん。己を殺して他を生かすのもいかん。大の虫を生かすため、小の虫を殺すことはやむを得んことぢゃと申したり、教えたりしているが、それもならんぞ。すべてを殺さずに皆が栄える道があるでないか」（『月光の巻』第三十三帖）

「日月神示」に一貫して流れる思想は、共存共栄よりもさらに一歩進んだ、すべてが栄える「全栄思想」です。そんな話はSFやファンタジーの世界だと思うかもしれませんが、技術面では、すでにそうした文明を現実に開花させる力の萌芽が見られるのです。

UFOのような空中を自在に飛ぶ（空間を自在に移動する）乗り物もつくれるらしいし、地球製UFOはすでに完成しているという話もありますが、こういう技術は真っ先に軍事転用されやすいものです。実際、第二次世界大戦時のナチスドイツでUFOの研究開発がされていたことは、よく知られています。

ちなみに1944年の6月、ナチスドイツの宣伝相ヨーゼフ・ゲッベルスは、開発中のある新兵器を見た後、「この兵器はいまの大戦で使うには早すぎる」と述べたようです（ナチスとUFOの関係についてご興味のある方は、ジム・キース著『ナチスとNASAの超科学』〈徳間書店5次元文庫〉をご参照ください）。

こうした技術だけでなく、世に出されていない様々な超技術は主に軍事目的で開発されていると聞いていますが、そんな情報を耳にしても大半の人々は「嘘をつけ」と、相変わらずトンデモ扱いして笑い飛ばすだけです。

つまり、超技術が本当に世に出て一般に普及するためには、彼ら現在の支配者側がいままでの考え方を改めるだけでなく、一般の人々も「意識を変える」必要があるのです。

要するに、ミロクの世の実現へと大きく近づける超技術は、まずそれを扱う側に高い精神性が求められるわけです。

「日月神示」を読み、自分なりに実践する人は、特に心配ないでしょう。

問題は、いまだ「イシヤ（石工たちの組合＝フリーメーソンの意と判断できる）の仕組み」にかかったまま、何も気付かずに、我欲とエゴにまみれた生活をしている、圧倒的多数の人たちです。

先ほど述べましたが、超技術の登場は、これまでの価値観、あるいは産業経済の仕組みそのものを根底から壊してしまう力を持っています。

これを別の観点から見ると、万が一その使い方を誤ると、超技術はあっという間に人類を滅ぼし、同時に地球を滅ぼしてしまうことになります。

人々が意識を変えるといっても、いまさら間に合わない人がかなり出ると予測されます。「日月神示」には「三分の一になる」と出されていますが、楽観的な数字かもしれません。

……というようなことです。大体のことは知っておいてください。

2.「われよし、お金よし、いまよし」は消滅の運命にある

――2025年には、これらは過去の遺物になっているだろう――

いま、「アセンション＝次元上昇」というコトバをよく聞きます。カンタンに言いますと、地球も地球人も、いまの3次元存在から、4次元そして5次元存在に向上するのが、アセンション＝次元上昇ということです。

「日月神示」には半霊、半物質の存在になるのだ、と具体的に示されていますし、「聖書の暗号」にも、「アセンション」が、よく出てきます。

事実、世の中を見ていますと、2003年ころからの変化、それを一段と加速させた2011年からの大変化などで、近々、地球も、その上に存在するわれわれもともに大変化しそうな予感がします。

日本はもとより先進国の書店では、この種の本の販売スペースが急速に増え、インターネットなどでも「アセンション」的な発信が急増しております。拙著にも『人類と地球の

アセンション――だからこれからこう生きよう』（２００６年1月31日、徳間書店刊）があります。

以下は、その「あとがき」の一部です。

「アセンション」「二〇一二年一二月の冬至の日の前後」「フォトン・ベルト」……などなどが、いま話題になっています。多くの人がこれらについて、さまざまなことをいっています。私も興味があるので調べました。

どのようなことがいわれているか……のポイントは、私見とともに、本書内にできるだけ記しました。いまの私には、これらについてのはっきりしたことはわかりません。ただ、仮説を本書内で多少は述べました。

それらのことよりも、実務家としての私がいま心配しているのは、次のことなのです。

地球上の人口が六五億人ぐらいになりました。地球のキャパシティから考えて、八〇億人を超えると、たぶん二進《にっち》も三進《さっち》もいかなくなることは、ちょっと勉強すれば誰にでもわかります。では、どうするべきかが、いまからの私たちの大事な課題だと思うのです。

ただ、次のようなことが参考になります。

私は長年「世の中の構造やルール」と「人間の正しいあり方」を調べてきました。世の中のすべては「波動の法則」に従って、スパイラル状に調和し、秩序を維持しながら生成発展するようになっているようです。これは、マクロにみますと、近未来にどんな大変化が地球や人類を襲おうと、心配不要といえるということです。何が起きても安心していてもいいと考えられます。

また、人のなかに「聖人」といっていい、すべてがわかり、どんなことでもできるといってもいい超人が現に存在しているらしいことも知りました。

彼らは、現在の地球人の生き方をみて悲しんではいるようですが、それでも「悠々と堂々と生きている」ようにみえます。その聖人たちの生きざまを私たちのこれからの生き方の見本として、本書の第五章の終わりに七項目にまとめ、結論的な答えとして述べました。私には、これからはこの聖人たちのような生き方をするのがよいように思えるのです。(中略)

実際に、未来がどうなるかは、私たちふつうの人間にはわかりません。しかし、いまのままでは資本主義は崩壊するでしょうし、近未来に人類も破滅に至る可能性の大きいことは私にもわかります。たぶん、読者にもおわかりになるでしょう。

それらを検討し、対応策を練り、私たちはベストと思う方法をとらなければなりま

せん。（中略）

本書では、そのためのヒントをいろいろ提供できたと思います。

それらには、読者にとって未知のことが多くあったと思いますが、本書に記したのは、大事なことがほとんどです。まず、本書に記したような大事なことをぜひ知ってほしいのです。

そして、お互いに考え、知恵を出し、できるだけ自主的に私たち人間の責任で、よい未来をつくろうではありませんか。

近未来にアセンションが起きるか否かはわかりませんが、もし起きたときはアセンションも上手に活用したいものです。世の中の構造から考えて、何が起きてもマクロには心配は不要だと思います。ともかく、安心して、よい未来づくりに取り組みましょう。

ところで、多くの未来をほぼ見通せる能力がありそうな知的存在や人たちからの情報をマクロに集めてみますと、早ければ、この「次元上昇」は２０１５年ころまでに起きる可能性がありそうです。

おそくとも２０２０年～２０２５年には、起きそうに思えます。それにつきましては、参考になるものが多くありますので、各自でお調べください。

そして、「次元上昇」が起きると、「ミロクの世」に向けて、高い確率でまっしぐらに進むとも思えます。

その時は「自他同然」であり「お金の価値はほとんどなくなり、現在よりも未来も過去も同じように大事になるでしょう。

言うならば、いまの、多くの人たちの価値観の中心である「自分がよければよい。お金は何よりも大事なものだ。いまさえよければよい」という考え方は、過去の遺物になってしまっているように思えます。

そういうことも十分にお考えのうえで、日々の生き方を上手に楽しんでください。お願いしておきます。

3.「競争」はムダで、「やめるべきことである」のが、はっきりする

――船井流経営法とアルフィ・コーンの“No Contest”――

1980年ころまでの私は「ケンカの船井」「競争の船井」と言われていました。事実、経営コンサルタントとして何千件もの「競争の勝ち方」のアドバイスをしてきましたが、

１９６７年以来、失敗したことは一度もありません。１００戦１００勝、多くの船井理論もできました。それらは、いまでも世の中で活用されています。

ところが当事者の私は、ケンカや競争に勝つことが空しく、敗れた人や会社が気の毒で仕方がなくなってきたのです。

そこで競争やケンカをしないで、ともに仲よく繁栄していける方法を考え実施しはじめました。その結果、いわゆる「真の船井流経営法」で、これが完成したのは80年代の半ばだと思います。

「競争はバカな人がやるのだ」「競争はムダだ」と主張しつづけたのですが、一部の経営者にしか分かってもらえませんでした。

とはいえ、現実にコンサルティング効果はどんどん上がり、顧客も急増、１９８８年には、私の会社（(株)船井総合研究所）は、経営コンサルタント会社として、世界ではじめて証券取引所に株式を上場しました。

船井総研は大阪で１９７０年に出発した会社で、その当時も、いまも本店所在地は大阪です。それゆえ大証に株式上場したのですが、それは主幹事であった当時の野村證券の大阪の責任者、豊田善一同社副社長の助力が大きかったのです。この豊田さんとは無二の親友になりました。

よく話し、よく一緒に仕事をしましたが、豊田さんは「船井社長、競争ほどバカげたものはない、という船井社長の考え方がどう考えてももっとも正しいですね。私も船井社長と付き合ってから方針を180度変えたのです。びっくりするほどこのほうが好調です。本当にありがとう」とよく言われ、亡くなられる寸前まで、特に親しく付き合ってくれました。兜町《カブト》のタイソンといわれて、世界の証券人《マン》に敵にすることを恐れられた豊田さんの本当の営業力というか経営者力は、競争しないで勝つことということか、同業者にもすべてよいように対処することだったのです。

うれしい思い出です。

ところで、そのことを、アメリカ人の人間行動研究家のアルフィ・コーンさんが1986年と1992年に"No Contest"という題名で研究書にしていました。

それが1994年6月に法政大学出版局より『競争社会をこえて』という題名で発刊されました。訳者は山本啓さんと真水康樹さんで船井流経営法を、これくらい見事に証明してくれた著作は見当たらないと思います。

ちなみに同書の目次を章別に述べると次のようになります。

第1章　「ナンバーワン」の脅迫観念

第2章　競争は避けられないものなのだろうか

なお同書はアメリカ心理学会賞の授賞作ですが、以下は同書によせられた主な賛辞です。

近年まれにみるような思索を刺激する著作のひとつである。最初から最後まで読者をくぎづけにせずにはおかない。
――West Coast Review of Books

『競争社会をこえて』は教育者にとって必読の書である。

――Phi Delta Kappan

コーンはまっとうな意味で社会的な行為にアプローチし、競争に対して容赦のない議論を展開している。洞察力にとんだ、納得の行く研究である。

――Boston Herald

競争の悪影響について書かれたアルフィ・コーンの著作は、調査も行き届いており思索を刺激するものだ。教育者のあいだで議論をよびおこすことだろう。
——United Press International
綿密な下調べが行われ、わかりやすく書かれ、おどろくほど明晰な記述がなされている。
——Los Angeles Times Book Review

ともかく私は豊田善一さんとアルフィ・コーンさんのおかげで、いまの世の中では「船井流経営法」は、人間社会におけるベストの経営法に近いと強い自信を持っています。事実、30年前もいまも、それだけの成果をあげております。

興味のある方は最近の拙著や（株）船井総合研究所（電話03・6212・2921）にお問い合せの上でお勉強ください。

さて、本章のさいごに、「ミロクの世」とはどんな世の中かを、分かりやすくまとめて紹介しておきます。

これは、私の最新著、飛鳥昭雄さんとの『4つの超常識対談』の「さいご」のほうで、私が話していることでもあります。ほとんど、そのまま転載いたします。

『日月神示』によると「ミロクの世」とは次のような世界であるようです。これは中《なか》矢伸一《やしんいち》さんがまとめてくれたもので、何度も紹介してきたものですが、参考になると思いますので改めて紹介いたします。

・与える政治、与える経済で、金銭は不要となる。税金なども一切なし。
・政治、経済、行政、祭祀《さいし》はみな一つになる（真の祭政一致）。
・すべて自主的な奉仕により運営される世の中となり、苦役《くえき》としての労働はなくなる。
・一人一人が自然な形で信仰を持つ。ただし、今のような宗教や教組はすべてなくなる。
・それぞれの国や民族によって固有の信仰形態ができる。ただし、今のような宗教的対立はなくなり、互いに霊性を切磋琢磨《せっさたくま》し合い、援《たす》け合うような関係となる。
・神人合一の「天津日嗣皇尊《あまつひつぎすめらみこと》」が日本に現れ、世界を統一する。ただし、力で無理やり従わせるのではなく、磁石が北を向くように、自然に統一される。
・裁判所、警察、刑務所などは必要がなくなるため、存在しない。
・産業、交通、娯楽、食物、嗜好品《しこうひん》など、生活のことごとくが変わる。
・身体から発する霊光《オーラ》により、その人の身分や霊格、職掌などがわかる。
・無益な殺生はなくなる。食用のためと称する、と畜、漁、狩猟などはなくなる。
・すべての人類のみならず、動物、草木、虫までもが共に和し、楽しむ世となる。

・寿命は長くなり、身体も大きくなる。
・誰しもがある程度先のことを見通せるようになる。
・今のような大便小便までも変わり、不潔なものがなくなる。
・五風十雨《ごふうじゅうう》（必要に応じた天候気象）となり、寒暖は穏やかとなる。
・今までのような物質でない物質の世となる。

2020年、遅くとも2025年までに、われわれは大激変を乗り越えてミロクの世が実現しているようにしたいものだと思います。幸い、私の体もいま部分的に弱っているところはありますが、本来は元気ですので有意の人々と、ともに祈って正しく生きることを実践して大難を小難にしながら、ミロクの世の実現を目にすることができる可能性もあります。

というより、ぜひ実現したいものです。

このように考えてみますと、競争ほど、ミロクの世づくりにムダなことはありません。

マクロに正しく生きたいものです。

これで第3章を終わります。

第4章　日本の1900年（明治33年）ころからを考えよう

（本章は2012年4月28日～5月1日に記しました）

――「すべて必然、必要、そしてベストにできる」は正しいようだ

今年は2012年なので100年余り前、1900年（明治33年）ころからの日本の歴史を少しふり返ってみましょう。

日清戦争に勝ったのが1895年（明治28年）、そして1904年（明治37年）に日露戦争がはじまり、1905年（明治38年）には日本海海戦の日本海軍の大勝利、日露講和条約調印となりました。

しかし、この明治時代でフシギなことは、北朝系の孝明天皇のお子さまであるはずの明治天皇によって1911年（明治44年）3月に、南朝が正統であると天皇自ら裁下されたことです。

気になるので少し調べました。すぐに分かりました。その理由は『裏切られた三人の天皇』（鹿島昇著、1997年4月、新国民社刊）などに詳しく書かれています。最近では明治天皇のお孫さんである私の知人の中丸薫さんが、はっきりと著書（近著では『十六菊花紋の超ひみつ』2001年1月、ヒカルランド刊）の中で、明治天皇は孝明天皇の実のお子さまでなく南朝系の故《ゆえ》ある方が、理由があって天皇になられたのだと書いています。中丸

さんは同書２７０～２７１ページの有名なフルベッキの写真と２７２～２７３ページの写真解説で、少し勉強していてその辺の事情を知っている人にはよく分かるように述べています。

また、『なぜ日本中枢の超パワーは「天皇」なのか』（２０１2年4月、ヒカルランド刊）の中では１０７ページ以降にかなり詳しく述べています。なお、この著作はフシギな名著です。一読の価値があります。

興味がおありの方は『幕末、維新の暗号』（加治将一著、２００７年4月、祥伝社刊）など、それらの理由をはっきり書いた本が、いまでは多く出ておりますので、ご一読ください。

偉大なる天皇であった明治天皇は、すべてを知ったうえで、一人の人間らしく南朝正統の裁下をなされたものと思われます。

ともあれ、明治天皇以来、天皇を権力と権威の中心として、神聖にして犯すべからざるものにしなければならなかったところに、第二次世界大戦敗戦までの日本の歴史の大きな盲点があり、１９３５年（昭和10年）ころ以降の狂気の日本の歴史の現実が生まれたのだと私は理解しています。

庶民生活に例をとりましても、昭和10年代から終戦まで、「天皇は現人神《あらひとがみ》」であり、「上官の命令は朕の命令と心得よ」という不分律で、どれくらい非常識なことに多くの庶民が泣かされたか。この時期に小学生、中学生であり、庶民であった私には分かりすぎるくらい分かります。

いまの北朝鮮の状況をテレビなどで見ますと当時の日本を思い出し、北朝鮮の金王朝も決して永くは続かないだろう……と断言したくなるのは私だけではないでしょう。ソ連の共産主義同様に狂気の支配はそんなに永く続けられないようだと思います。

人間は、特定の人の神格化や、統制、自由のない環境下では、何よりも自由を求めるようにできているうえに知恵ある存在ですから、そんなに長時間の服従はできないようです。永くて1877年（明治10年）～1945年（昭和20年）の70年弱でしょう。

ところで、「世の中でおこるすべてのことは必然、必要であり、それらは人によってベストの状態にできる」という真理があるように私は思います。

1941年（昭和16年）に起きた太平洋戦争も最近の金正日氏の死も金正恩氏の北鮮の第一書記就任も、すべて必然、必要で、それらは矛盾だらけでも賢明な人たちの言動によってベストにできるという意味です。もちろん、3・11大震災も同様です。そういう意味で、マクロには「どんな大変化も前向きにとらえるべきだ」と思えるのです。そして、それを、われわれの力で、ベストにするように人間は努力するべきでしょう。

1．敗戦（１９４５年8月15日）までの日本は、一時期、狂気の国だった

――天皇の神格化から日本は狂い出した――

以下に平凡社刊の『日本史事典』の初版本（１９８３年刊）の４８０～４８３ページを、そのまま転載いたします。

この事典の転載したページより前の１９３５年（昭和10年）のところには、美濃部達吉博士の天皇機関説が貴族院でやりだまに上がったこと、そして彼が貴族院議員を辞めざるを得なかったことが述べられていますし、１９３６年（昭和11年）には、日本がロンドン海軍軍縮会議を脱退したこと、２・26事件の起こったこと、メーデーが禁止されたことなども記されています。

日本は急速に孤立化して不自由化というか軍国主義に走りつつあったのです。

日本が、このような狂気とも思える昭和10年代を過ごし、結果として連合国に無条件降伏し、戦後、連合国軍に占領されざるを得なかった悲劇を、少年時代ではあっても経験した私らの世代は、その小中学校時代のことをいままでも、いまもあまり語りたがりません。

もちろん、この事典にも１９３７年（昭和12年）に南京大虐殺が起こったなどの疑わし

時代区分	西暦	年号	事項	世界の動き
			中野正剛ら東方会結成。6 電力国家管理案発表で財界動揺。7 陸軍軍法会議で二・二六事件の関係者判決(17人に死刑判決,12日執行)。コム＝アカデミー事件おこる。講座派学者・左翼団体関係者一斉検挙。8 5相会議で「国策の基準」(大陸・南方進出,対米・ソ軍備)決定。成都事件(日本人記者2名,成都で殺害)おこる。9 帝国在郷軍人会令公布。10 橋本欣五郎ら,大日本青年党を結成。11 国会議事堂竣工。日独防共協定調印。	
昭和	1937	昭和12	1 広田内閣総辞職。宇垣一成に組閣の大命下るが陸相を得られず辞退。2 林銑十郎内閣成立。文化勲章制定(第1回受章者は長岡半太郎ら)。3 文部省〈国体の本義〉出版。衆議院解散。4 朝日新聞社の神風号,訪欧飛行に出発。第20回総選挙実施。5 政友・民政両党の内閣退陣要求で林内閣総辞職。6 第1次近衛文麿内閣成立。7 北京郊外の蘆溝橋で日中両軍が衝突(日華事変・蘆溝橋事件)。日中戦争開始。8 大山大尉殺害事件で上海に戦火拡大。二・二六事件の民間関係者に判決,北一輝・西田税ら死刑。9 戦時統制3法公布。国民精神総動員計画実施要綱発表。岸田国士ら文学座を結成。10 国際連盟,日本の行動非難を決議。11 駐華独大使トラウトマンの日中和平工作(トラウトマン工作)行われる。〈世界文化〉グループ弾圧事件おこる。日独伊三国防共協定成立。12 第1次人民戦線事件で山川均ら労農派を検挙。日本軍南京占領,大虐殺事件をおこす(南京大虐殺)。	(中)第2次国共合作成立。(伊)国際連盟脱退。
時	1938	13	1 厚生省設置。第1次近衛声明(「国民政府を相手とせず」。和平工作の打切り)発表。2 第2次人民戦線事件で大内兵衛ら検挙。大日本農民組合結成。3 メーデーの禁止を命令。4 国家総動員法公布(5月実施)。農地調整法・電力国家管理法公布。5 日本軍,徐州を占領。7 張鼓峰で日ソ両軍衝突(張鼓峰事件)。産業報国連盟結成。8 日ソ停戦協定が成立。9 三菱重工,零式艦上戦闘機の試作完成。10 広東・武漢三鎮占領。東大教授河合栄治郎,ファシズム批判により著書発禁となり休職。11 第2次近衛声明(東亜新秩序建設)発表。12 対中国の近衛3原則(善隣友好・共同防共・経済提携)を声明。	(独)オーストリアを併合。ミュンヘン4カ国会談。(独)スウェーデン進駐。
代	1939	14	1 日中戦争打開の方策を失ない近衛内閣総辞職,平沼騏一郎内閣成立。警防団令公布。2 日本軍,海南島に上陸。4 米穀配給統制法・映画法公布。5 ノモンハンで日ソ両軍衝突(ノモンハン事件。9月,モスクワで停戦協定)。重慶を脱出した汪兆銘,東京で首相らと会談。7 国民徴用令公布。日英東京会談(有田・クレーギ会談)開始(8月決裂)。アメリカ,日米通商条約廃棄を通告。8 独ソ不可侵条約締結。平沼内閣,「欧州情勢は複雑怪奇」と声明して総辞職。阿部信行内閣成立。9 政府,欧州戦争不介入を声明。10 賃金統制令・価格等統制令・地代家賃統制令公布。11 野村外相,グルー大使と日米開談開始。フランス大使に,インドシナ経由の蒋介石援助行為停止を要求。12 小作料統制令公布。	(独)チェコ併合。(英・仏)独に宣戦(第2次世界大戦はじまる)。(スペイン)フランコ,政権を確立。
	1940	15	1 阿部信行内閣総辞職,米内光政内閣成立。3 津田左右	(中)汪兆銘の南京

481　　　　　　　　　　**年　表**

時代区分	西暦	年　号	事　　　項	世界の動き
昭			吉〈神代史の研究〉など発禁。6　6大都市で砂糖・マッチの切符制開始。7　近衛文麿，枢密院議長を辞任，新体制運動を推進。社会大衆党解散。日本労働総同盟解散。米内内閣総辞職，第2次近衛内閣成立。8　大日本農民組合解散。民政党解散。9　部落会・町内会・隣保班などの設置を通告。日・仏印軍事協定が成立。日本軍，北部仏印へ進駐開始。日・独・伊三国軍事同盟成立。10 第5回国勢調査実施（総人口1億522万余人，内地7,311万余人）。総力戦研究所設置。大政翼賛会発足。アメリカ，屑鉄の対日禁輸実施。11 大日本産業報国会結成。皇紀2600年記念式典挙行。この年，政党・組合の解散続く。	政府成立。(仏)独軍，パリ占領。
和	1941	昭和16	3　国民学校令公布（4月，小学校を国民学校と改称）。松岡洋右外相，ソ連経由でヨーロッパへ出発。4　松岡外相，モスクワで日ソ中立条約に調印。日米交渉（ハル国務長官・野村大使）開始。生活必需物資統制令公布。東京・大阪で米の配給通帳制実施。7　御前会議で「情勢の推移に伴う帝国国策要綱」を決定。外交で閣議不一致，第2次近衛内閣総辞職松岡外相をはずし，第3次近衛内閣成立。アメリカ，在米日本資産凍結令公布。日本軍，南部仏印に進駐。日・仏印共同防衛協定調印。8　アメリカ，対日航空機用燃料禁輸。米価の二重価格統制を発表。日米交渉開始。10 ゾルゲ事件で尾崎秀実ら検挙。近衛内閣総辞職，東条英機内閣成立。11 来栖大使をアメリカへ派遣。アメリカ，ハル=ノートを回答。12 御前会議で対米・英・蘭開戦を決定。日本軍，ハワイ真珠湾を攻撃（12月8日に太平洋戦争開始）。言論・出版等臨時取締令公布。戦艦大和竣工。	(米)ルーズベルト大統領「4つの自由」演説行なう。(米)武器貸与法成立。(米・英)大西洋憲章を発表。(独)ソ連を攻撃。
時	1942	17	1　食塩の通帳配給制実施。学徒出動命令出る。日本軍，マニラを占領し，ビルマに進撃。2　衣料切符制実施。シンガポール占領。食糧管理法公布。3　ジャワ島占領，オランダ軍降伏。4　米軍機，日本初空襲（東京・名古屋・大阪）。第21回総選挙実施。翼賛政治会結成。尾崎行雄，舌禍事件により不敬罪で起訴される。6　ミッドウェー海戦で日本敗北。7　キスカ島占領。大本営，南太平洋進攻作戦中止を決定。8　連合軍，ガダルカナル島上陸（10月までガダルカナル島の攻防・南太平洋海戦行われる）。11 大東亜院設置，行政簡素化を実施。関門海底鉄道トンネル開通。この年，銑鉄生産が最高となる。	(ソ連)独軍，スターリングラードに突入。
代	1943	18	2　ガダルカナル島撤退開始（7日完了）。出版事業令公布。3　大日本言論報国会発足。帝国銀行創立（三井・第一両行合併）。谷崎潤一郎〈細雪〉連載禁止。4　連合艦隊司令長官山本五十六，ソロモン諸島上空で戦死(59)。5　アッツ島日本守備隊玉砕。静岡で登呂遺跡発見。6　改正府県制・市町村制実施，地方議会の権限を縮少。8　日本・ビルマ同盟条約調印。9　官公庁・工場の疎開方針決定。10 日本・フィリピン同盟条約調印。11 大東亜会議開催，大東亜宣言採択。12 第1回学徒出陣。	(ソ連)スターリングラードの独軍降伏。(伊)ムッソリーニ失脚，無条件降伏。カイロ会談・テヘラン会談行なわれる。
	1944	19	1　緊急国民勤労動員方策要綱を決定。疎開命令発令。2　決戦非常措置要綱を決定。4　旅行制限強化，旅行証明書発	連合軍，ノルマンディー上陸。連合

時代区分	西暦	年 号	事 項	世界の動き
昭和時代			行。6 連合軍,サイパン島に上陸。マリアナ沖海戦で敗北。7 サイパン島守備隊玉砕。東条内閣総辞職,小磯国昭内閣成立。連合軍,グアム島に上陸。8 学徒勤労令・女子挺身勤労令公布。学童疎開実施。9 グアム・テニアン両島の日本守備隊全滅。10 神風特別攻撃隊編成。連合軍,レイテ島上陸(レイテ沖海戦)。11 サイパン基地のB29爆撃機,東京を空襲。	軍,パリ解放。
	1945	昭和20	1 東海地方大地震で約2,000名死亡。大本営,本土決戦大綱を決定。3 硫黄島の日本軍玉砕。B29の東京夜間大空襲など本土空襲激化。4 連合軍,沖縄に上陸(6月占領)。ソ連,日ソ中立条約の不延長を通告。小磯内閣総辞職,鈴木貫太郎内閣成立。6 大政翼賛会解散。義勇兵役法公布。西田幾多郎没(76)。7 ソ連仲介の和平交渉のため近衛文麿派遣を申入れ,ソ連,拒否。8 アメリカ,広島・長崎に原爆投下。ソ連,対日参戦布告。ポツダム宣言受諾。天皇,終戦の詔勅を放送。鈴木内閣総辞職,東久邇宮内閣成立。マッカーサー元帥,厚木に到着。9 降伏文書調印。総司令部(GHQ),戦犯容疑者の逮捕を指令。プレス=コード指令出される。10 GHQ,治安維持法廃止・政治犯釈放・特高警察の廃止等を指令。東久邇宮内閣総辞職,幣原喜重郎内閣成立。マッカーサー,5大改革(婦人参政権・労働組合奨励・教育自由主義化・経済民主化・司法警察制度改革)を指令。11 財閥解体を命令。日本社会党結成。日本自由党(総裁鳩山一郎)結成。日本進歩党(総裁町田忠治)結成。12 GHQ,農地改革を指令。日本共産党再建。近衛文麿自殺(55)。衆議院議員選挙法改正(婦人参政権)・労働組合法公布。農地調整法改正公布(第1次農地改革。46年2月施行)。	ヤルタ協定成立。(独)無条件降伏。国際連合憲章なる。ポツダム宣言発表。インドネシア独立。国際連合成立。ユネスコ成立。
	1946	21	1 天皇神格否定(人間宣言)の詔書出される。公職追放令出される。2 日本農民組合結成。新円切換施行。3 物価統制令公布・施行。4 第22回総選挙(男女平等による総選挙)実施。持株会社整理委員会令公布。幣原内閣総辞職。5 第1次吉田茂内閣成立。メーデー復活(第17回)。東京で食糧メーデー行われる。極東国際軍事裁判開廷。鳩山自由党総裁公職追放。協同民主党結成。8 全日本産業別労働組合会議(産別)結成。9 生活保護法・労働関係調整法公布。10 復興金融公庫法公布。日本商工会議所設立。自作農創設特別措置法等公布(第2次農地改革)。11 日本国憲法公布。12 GHQ,日本の労働組合16原則を決定。傾斜生産方式を決定。	(中)国共停戦。(仏)第4共和制成立。(伊)共和国宣言。フィリピン独立。インドシナ戦争開始。
	1947	22	1 新皇室典範・皇室経済令公布。GHQ,2・1ゼネストの中止を指令。3 国民協同党結成。衆議院解散(帝国議会終)。日本民主党結成。教育基本法・学校教育法公布。4 第1回知事・市町村長選挙実施。労働基準法・独占禁止法・地方自治法公布。第1回参議院選挙・第23回総選挙実施。5 日本国憲法施行。吉田内閣総辞職,片山哲内閣成立。6 経済危機突破緊急対策要綱発表,傾斜生産方式を強化。7 公正取引委員会発足。幸田露伴没(80)。9 労働省開設。カスリーン台風で関東地方に水害。10 国家公務員法・改正刑法	(米)トルーマン=ドクトリン発表。インド連邦・パキスタン独立。モスクワ4カ国外相会議開催。コミンフォルム結成。

時代区分	西暦	年　号	事　　項	世界の動き
			(不敬罪・姦通罪の廃止)公布。12 警察法(民主化・地方分権化)・過度経済力集中排除法・石炭鉱業管理法・児童福祉法公布。	
昭	1948	昭和23	1 アメリカのロイヤル陸軍長官,日本は赤化の防壁と演説。財閥支配力排除法公布。帝銀事件おこる。2 片山内閣総辞職。法務庁発足,司法省廃止。3 芦田均内閣成立。民主自由党(総裁吉田茂)結成。4 ドレーパー使節団,日本再建4カ年計画発表。5 海上保安庁設置。夏時間(サマータイム)採用。6 福井大地震発生。太宰治自殺(40)。7 建設省発足。マッカーサー書簡により労働政策転換。国民の祝日制定。9 昭電疑獄事件おこる。10 昭電疑獄事件により芦田内閣総辞職,第2次吉田内閣成立。11 極東軍事裁判判決(12月,東条英機ら7名死刑)。改正国家公務員法成立。12 人事院発足。アメリカ政府指令の経済安定9原則を発表。昭電疑獄事件により政財界人の検挙はじまる。衆議院解散(「なれあい」解散)。岸信介らA級戦犯容疑者釈放。	ビルマ共和国・大韓民国・朝鮮民主主義人民共和国成立。ヨーロッパ5国連合条約成立。世界人権宣言採択。
和	1949	24	1 第24回総選挙実施。家庭裁判所発足。法隆寺壁画焼失。2 アメリカのドッジ公使,日本経済安定政策(ドッジ=ライン)発表。第3次吉田内閣成立。4 団体等規正令公布施行。1ドル＝360円の単一為替レート設定。5 国民金融公庫法公布。年齢の唱え方を満年齢に改正する法律公布。通産省設置,商工省廃止。6 郵政省・国鉄・専売公社など発足。労働組合法・労働関係調整法改正公布。7 下山事件・三鷹事件おこる。芥川賞復活。8 シャウプ使節団,税制改革勧告案発表。松川事件おこる。10 貿易振興に関するローガン構想発表。11 国際自由労連に加盟。湯川秀樹,ノーベル物理学賞を受賞。12 社会党,「平和三原則」を発表。私立学校法公布。	北大西洋条約機構(NATO)調印。ドイツ連邦共和国(西独)・ドイツ民主共和国(東独)・中華人民共和国・インドネシア連邦共和国成立。
時	1950	25	1 コミンフォルム,日本共産党の野坂理論を批判。アメリカ軍3首脳来日,日本の軍事基地化を声明。地方政治,軍政より分離。民間輸出開始。3 民主自由党,自由党と改称。4 公職選挙法公布。国民民主党結成。5 五・三〇事件(反植民地の人民決起大会)おこる。石炭鉱業管理法廃止。文化財保護法公布。6 共産党中央委員の公職追放。7 金閣寺,放火により焼失。日本労働組合総評議会(総評)結成。8 警察予備隊令公布。マッカーサー,全労連解散を要求。10 米政府,対日講和7原則を発表。11 官公庁でレッドパージ(共産党員追放)開始。地方公務員法公布(51年2月施行)。	中ソ友好同盟条約締結。ストックホルム＝アピール採択。国民政府,台湾に拠る。米英仏3国外相会議開催。朝鮮戦争が勃発。(米)非常事態宣言発表。
代	1951	26	1 マッカーサー,日本再軍備の必要を説く。ダレス講和特使来日。3 幣原喜重郎没(78)。4 マッカーサー解任,後任にリッジウェイ中将。5 児童憲章制定。国際捕鯨条約加入。6 国際労働機関(ILO)・ユネスコに加盟。7 政府,財閥解体完了を宣言。持株会社整理委員会解散。9 サンフランシスコ講和会議(全権吉田茂)で平和条約に調印(49カ国)。日米安全保障条約調印。10 日本社会党,左右両派に分裂。出入国管理令公布。11 集団示威取締法案成立。12 大山郁夫,スターリン平和賞を受ける。	(イラン)石油国有化。朝鮮休戦会談開始。プラハ世界平和会議開催。太平洋安全保障条約調印。

いことを断定した記載はありますが、おおむね一般論に従い正しく記載されております。

この480~483ページを、ぜひ熟読いただきたいのです。いろんなことがありました。しかし、はっきり分かるのは、終戦の日と、その直後までは、日本は昭和天皇によって統治され、マッカーサー元帥が、占領軍最高司令官になってから、講和条約が調印されるまでは、われわれ日本人はGHQのほうを向いて、その指示に従って生きてきたということなのです。

戦争中の一般庶民の生活は、このうえなく不自由で、そして米軍機の空襲に逃げまどう日々でした。

戦争の終わった日、1945年8月25日の終戦の天皇の詔勅をどう聞いたかは、各自によってちがいますが、私は「ようやく自由に生きられそうだ」という解放感と、日本人として、敗戦の悔しさの入り交った複雑なものだったのを覚えています。

終戦時、中学1年生だった私は、それから敗戦国の惨めさ、学校制度の変革、考え方の大事な点が戦争中と戦後に180度変わったり、また中には旧にもどったりと大変化を経験することになりました。その中でもインフレ、物不足、しかし、それを生きぬく人々のたくましいエネルギーなど、決して普通時ではできない多くの体験をさせてもらいました。

とはいえ、高校、大学の7年間で、私自身、ふつうの生活をしていましたが、学生服が

2着しかなかった。靴がなかなか入手できないので、通学時も半分以上は下駄ばきでした。大学時代の帽子（角帽）も、何人もが使用したお古を先輩からもらったものでした。あまり思い出したくないことの多い日々ではありました。

多くの悲喜劇もありましたが、とりあえず戦争は終わり、日本自体が占領下とは言え、庶民にとっては自由に生きられるようになり、日々の生命の心配もしなくてよくなりました。

あまり触れたくないので、戦時色が濃くなってからの1930年（昭和5年）ころからの日本は、国内の空気もあり、日本人全体というか特にリーダーたちは完全に狂っていたようだ……ということだけを客観的に述べて先にペンを進めようと思います。

人間の集団心理というか「場の空気」というのは、こわいものです。

こんなバカげたことに二度と陥らないように人は常に冷静に生きねばならないとだけ言っておきましょう。

それとともに、天皇にしろ何にしろ神格化したり特別視するのは、中丸薫さんの意に反しますが、芳しいことではないと思います。

とはいえ私は、日本にとって第二次世界大戦はやむを得ずに戦争にひきこまれた一種の聖戦であり、戦後の日本人の自虐史観は占領軍に強制されたもので「まちがい」だと思っています。その辺につきましては、田原総一朗氏の著書の『日本の戦争』（２０００年11月、小学館刊）をぜひご一読ください。日本人は国民全体がある程度狂っていたのかもしれません。しかし、国民の大半は狂わされたのです。これらを「必要、必然」だったとしても「ベストにしなければならない」と思います。

2. 成功したのか？ ＧＨＱの占領政策

――マッカーサーは確かに日本を大きく変えたが？――

中丸薫さんは『なぜ日本中枢の超パワーは「天皇」なのか』の中で、ヘブライ大学のベン・アミー・シロニー名誉教授と２人で、以下のように述べています。これは大事なことなのでそのまま転載します。

中丸　もう亡くなった方ですけど、モルデカイ・モーゼという方が『日本人に謝りたい』という本を書いた。終戦のときにマッカーサーと一緒に来て、労働局長とかを務めた人です。自分で憲法も作成したりして、日本の皇室のことをそんなに理解してなかったから、よその権力と同じようなものじゃないかと思って、共産主義を導入して、共産党から皇室を攻撃させた。

だけど、終戦後にマッカーサーに対して、天皇が一人でお会いになって、「全責任は私にあります。だから私をどういうふうにでもしてください。死刑でも何でもしてください。その代わり、国民に対してはよろしくお願いします」ということを言ったときに、マッカーサーはすごく驚いたと、その場に通訳としていた方がその２人のやりとりを克明に語っていらっしゃる。国民にはあまり知られていない部分ですけど、本当にはマッカーサーには衝撃的な驚きだった。命ごいに来たのかなと思ったら、自分をどうにでもしてください、そして国民に対しては……と言われた。

そういうことをモーゼさんは後で知って、君民共生、そういう理想的な国家が日本だったんだ、本当に申し訳ないことをしたと。自分ではそういう思いに変わったけれど、そのとき自分が日本に入れた共産主義がいまだにまだ日本にはあります。そこがいまだにまだ天皇家については快く思ってないかもしれない。「本当に申し訳なかった」と言っているわけです。本当の意味での君民共生、それを天皇家はやってきていると思うんですね。

今回もあれだけの地震があったときに、天皇、皇后がひざを屈して避難所を訪問しているじゃないですか。ああいう姿は、イギリスの女王が同じようにするかどうかといったら、ちょっと問題というか、全然違うと思うんですね。その違いはあるでしょうね。

シロニー　マッカーサーは豊臣秀吉のように力を持っていたでしょう。独裁者みたいだった。でも、彼らと同じように天皇を尊敬したんです。皇室を尊敬したんです。そして万世一系が続きました。

世界ではそういう現象はないです。負けた国の王様が続く。本当に信じられないことです。でも、マッカーサーは昭和天皇を尊敬して、皇室を残して、同じ人を天皇として残したでしょう。そして、伊勢神宮とかそういう正式なところに入ることもできたのに、入らなかった。尊敬したから。アメリカの兵士たちは伊勢神宮に入らなかった。

中丸　そうですよね。あれだけ上位の権力を持ったわけですから、何でもできたはずです。

シロニー　おもしろいことでしょう。日本人ばかりでなくて、外国人の独裁者も日本の天皇を尊敬したことは、とても珍しいことですね。

中丸　神社や天皇陵などは荒らされてないですものね。

シロニー　戦犯として裁判にもひっかからなかったでしょう。そういう声があった。

全世界で、イギリスとか中国から、昭和天皇も東京裁判に送るとか、処刑するとか、そういう声があっても、マッカーサーはそうしなかったんです。これはとてもおもしろいことだと思います。

シロニー　もう一つは、マッカーサーは日本国民のやり方を見ていた。戦後には軍隊とか政治家の地位がとても落ちたでしょう。もとの軍人とか政治家はみんな嫌いだった。でも、天皇はそうではない。日本の国民も天皇に対する尊敬は続きましたから、マッカーサーはこれを見て感動したんです。ですから、豊臣秀吉とか徳川家康のように、天皇を利用することがいいんじゃないかと思ったんです。日本のいろんな改革のために天皇を利用した。

　でも、実際にはそれは利用じゃなかった。日本人もそういうことが欲しかったから。戦前もこれは天皇の目的だったから。ですから、天皇反対じゃなかったんです。例えば民主主義とかそういうことは明治時代から始まったんでしょう。ですから、アメリカがつくったんじゃないと思います。マッカーサーは自分が計画したと思ったでしょう。でも、実際には日本人の目的だった。昭和天皇の目的だった。もちろん、地位が象徴になったけど、それはそんなに大きな問題じゃないですね。前も、ある意味で象徴だったでしょう。ですから、そういうことが続きました。昭和天皇が賛成したんです。

中丸　関ヶ原のあれだけの戦いがあっても、結局秀吉にしても家康にしても、征夷大将軍にしてもらう、お上から任命されるという姿勢ですからね。本当に珍しいというか、唯一の国ですね。

シロニー　秀吉や家康も、天皇を利用しようと思ったんですけど、実際には彼らは利用されたんです。万世一系が続きましたから。続くこと、継続が、皇室の一番大きな目的だった。皇室が続くことを実現したんです。ですから、実際にはマッカーサーが利用されたと思います。

中丸　最初、わからなかったら、マッカーサーも、皇室もと思ったかもしれない。父はマッカーサーに、「殺したりしたら、日本人は最後の一人まで戦うから、皇室はそのままにして、間接統治でもそういうふうにしたほうがいいですよ」ということは言ったみたいですね。

シロニー　マッカーサーは最初そういうことはわからなかった。例えば戦争中に天皇が戦争のために何回も発表とかそういうことをしたんですけど、マッカーサーは天皇が戦争をやめるかどうかわからなかった。天皇は力を持たなかったけど、一度そういうことを決めたから、命令したから、みんなが従ったでしょう。大きな軍隊も降服したんです。これも信じられない現象だったでしょう。

マッカーサーと昭和天皇。日本における独裁的権力を掌握したマッカーサーもなぜか天皇家を尊敬し、天皇家の存続を望んだ……。

中丸　天皇の一言です。

シロニー　何百万人の兵士がまだいたんでしょう。まだ戦車が多く残っていたでしょう。最後まで戦うことができました。でも、一度天皇がそれを決めた。力を持たなくても、みんながそれに従ったんです。

中丸　国民一人一人がピタッとやめた。

シロニー　それがとても珍しかった。ドイツと比べると、あそこは最後まで戦ったでしょう。戦争をやめることがだれもできなかった。ですから、ある意味で、昭和天皇が日本国民を救ったんです。もし天皇がいなければ、国民が全部死ぬまで戦争が続いたかもしれません。

中丸　一億玉砕という感じですからね。

シロニー　玉砕を止める人は天皇だけだった。天皇以外にだれもできなかった。それは昭和天皇の大きなやり方だと思います。戦争が始まったときは、昭和天皇はやめさせなかった。可能性があったけど、憲法の政治だったから。明治憲法によると、内閣がそういうことを決めて、後で天皇がこれにサインする。ですから、そういうふうにしたんです。でも、終戦のときは、内閣も軍隊もいろんな論議があったから、戦争をやめる人は天皇だけだった。

中丸　そうですね。玉音放送ね。

シロニー　みんなが玉音放送を聞いて、泣いたでしょう。助けられましたから。もちろん、天皇の戦争責任という思想がありますし、天皇の平和責任もあったでしょう。両方あったでしょう。

以上のとおりですが、明治天皇のお孫さんであって、真の日本の庶民の気持ちをご存じない中丸さんの発言を、庶民であった私は１００％容認できません。

しかし、私もそうですが、日本人は昭和天皇が大好きだったのです。尊敬もしていました。それだけに、このマッカーサーと会われた写真を見て、びっくりしました。礼装の天皇に対して平服、しかも軍服のままのマッカーサー。だれが見ても日本が戦争に敗れ、無条件降伏したことを「はっきりさせる」一枚の写真だからです。

この会合は、昭和天皇から申し込まれ、自ら連合軍最高司令部に出向かれた時のものです。しかも、この写真が、日本中の新聞に載りました。

この写真に恣意的なところがあるかないかは別にして、この写真を見て敗戦にひしがれ、喰うや喰わずの中で悔し涙を流した日本人が10人に1人くらいはいたことを、当時中学生だった私は証言しておきたいと思います。

ところで連合軍の占領がどんなものだったか、それらには多くの資料があります。私より年長者は、みんな身をもっておぼえています。

マクロにみますと、決して日本人にとりまして心地よいものではありませんでした。講和条約発効後も、日本はアメリカの従属国、属国として、いままで過さねばならなかった現実が、それを如実にもの語っております。

日本の戦後処理というか占領政策は、実にでたらめでした。私の親しい友人に渡部昇一上智大名誉教授と弁護士の南出喜久治氏がいます。この2人が『日本国憲法無効宣言』(2007年4月、ビジネス社刊)という共著を出しています。この本だけは、日本国憲法がどういうもので、東京裁判がどのようなものかを知るためにも、ぜひご一読願いたいのです。

同書の「まえがき」で渡部昇一さんは、以下のように書いています。要点だけを紹介いたします。

戦後の日本の言論界や思想界の主流はいわゆる「東京裁判史観」にもとづくものであったと言ってよいであろう。その東京裁判史観というのは、アメリカ占領軍の下で、戦犯容疑や公職追放令をまぬがれた人たちによって支持され、普及された史観と言ってよいことになる。

ということは東京裁判史観を主唱した人たちは、日本の敗戦によって大儲《おおもう》けした人たちということになる。つまり東京裁判史観とは敗戦利得者史観なのである。そう思って見ると、不思議に思われてきたことが氷解する場合が多い。

たとえば憲法問題である。憲法というのはその国の主権の発動によって作られるはずである。現憲法は占領下にある日本が、占領軍の指示・意向で出来た英文憲法を邦訳したものである。

そういう憲法は、憲法という名にふさわしくないし、仮りにそれを憲法と呼んだところで、日本の独立回復と共に無効宣言されるはずのものである。――ということは中学生にもわかる理屈であろう。

しかし日本中の大学にある憲法学の学者たちはそう言わない。自民党も「改正」と言っている。独立した日本が占領軍の命令であった憲法を改正したら、占領憲法に合法性、正統性（レジテマシー）を与えてしまうのではないか――ということは素人にもわかる理屈であろう。

この不可解な日本の憲法問題現象の根元を明らかにする憲法学者が現れた。それは帝国憲法（明治憲法）に殉《じゅん》じて自殺された清水澄博士（元枢密院議長、法学博士）の学統を継ぐ南出喜久治氏である。

南出氏は敗戦利得者でない。今の憲法を有効として、その解釈をすることによって生計を立てている憲法学者でない。今の憲法学者が駄目なのは、現行憲法解釈業で飯を喰っている占領憲法利得者だからである——ということが南出氏との対談で明瞭《めいりょう》になった。南出氏の議論は「占領下で主権のない時に憲法ができるのはおかしい」という私の素人考えに充分なる法的根拠を与えてくれた。今から半世紀近く前に、ハイエク博士（ノーベル経済学賞受賞者）の通訳をしていた頃に、私は「配給制度はダメなものだ」という私の母の口《くち》ぐせが、ハイエク博士によって経済学的根拠を与えられた気がしたものであるが、その体験と似ている。

南出氏は、終戦のためのポツダム宣言受諾は、昭和天皇の帝国憲法の外交大権の直接発動によってなされたものであることを指摘された。戦後の憲法学者でこのことを指摘した人が他に誰がいたであろうか。

憲法論議はすべてここから始まらなければならないのだ。「源泉にもどるべし(adfontes)」とは文献学の根本であるが、現在の憲法問題も敗戦と占領と独立回復という三つの要素を踏まえなければ話にならないのである。

私も渡部、南出両氏の意見が正しい……と思います。

占領当初、占領軍というよりアメリカは、日本を二度と立ちあがれない国にし、日本人を自虐にさいなまされた人間集団にすることに全力をあげたように思います。

しかし、朝鮮戦争がはじまるころから、日本をアメリカの属国にして、しゃぶりつくすことに方針を変えたようです。

それらはマスメディアの支配や一部の特権的な人々のアメリカ礼賛によって、見事に成功したようにも見えます。

とはいえ、日本人の本質、日本語を常用語とする日本人の特質までも奪うことはできませんでした。ＧＨＱは結局、失敗したようです。

いま、ようやく日本人は、日本人の真の良さや長所に目覚め、あらためて真の独立に向かおうとしはじめたようです。

数年の占領時代の遺物から脱するのに60余年を要したのですから、ＧＨＱの占領政策はマクロには一見して成功だったと言えるようにも思えます。ただ、あと20年も経てばそれらはまったく空しかったものに見えるような気がするのです。

そして時流でしょうか、それらよりも第二次大戦中に行ったアメリカの非人間的行為、いわゆる非戦闘員に対する無差別じゅうたん爆撃、原爆の投下、ソ連の第二次大戦末期における日ソ不可侵条約違反と日本への侵入行為を認めたアメリカ支配者層の行動、占領中の東京裁判や日本国憲法の押しつけ、講和条約発効後の日本からのあらゆる手段を活用しての収奪などが問題視されてくるように思われます。

私は、個人的にはアメリカ人が大好きです。アメリカへもよく行き、多くのことを学びました。

いまも多くのアメリカ人の友人がおり、仲よく付き合っています。

とはいえ、GHQの占領とアメリカ当局との関係では、前述のような問題が残ると思えて仕方がありません。

なお本項のさいごに、客観的な見方として私の大好きな高山正之さんが、週刊新潮の2012年5月3日・10日の「ゴールデンウイーク特大号」の『変見自在』欄に、「昭和の日に」と題してつぎのような名文を書いていました。何回も読みましたが、このとおりだと思います。

そこで、あえてその文章を紹介いたします。

昭和の日に

高山正之

彼らは貧しいが、それを気にもしない。穏やかで礼儀正しく好奇心に富む。ただ彼らの名誉にかかわるときは命も惜しまないと訪日した異人は語ってきた。

それに「正義心も強い」とスウェーデン人ツュンベリは記録する。「だから奴隷を酷使するオランダ人を心から憎んだ」と。

出島のオランダ人が江戸城に参内する様子を詠んだ川柳が残る。

紅毛の／登城に蠅の／ついてきて
よほど彼らを嫌っていたことが分かる。

米国人はそんな日本人に喧嘩を売り、無差別爆撃をやり、原爆まで落として300万人を殺した。

米国の悪い癖は、自分はいつも正義で、悪いのは相手だと言い張ることだ。

円が強いからとプラザ合意で円を大幅に切り上げた。それでも円は強いまま。それは日本の構造に欠陥があるからだと日米構造協議で日本解体をやらせた。

終戦時もそう。残忍なのは米国なのに「日本が残忍な侵略国家」で、「その狂気は危険なカルト神道に根差している」（米国務省）と規定した。

それに沿ってマッカーサーは「神道は邪教として迫害する」旨の総司令官命令を出した。命令は彼の憲法に「政教分離」の名で明示された。ここでいう「教」は神道だけで、キリスト教や仏教は入らない。

現に長崎市は26聖人顕彰碑を市の公園に祀らせ、維持管理費を出している。

マッカーサーもキリスト教普及を職権で遂行した。中島飛行機の跡地に「国際基督教大を建てさせ、宣教師二千五百人と聖書一千万冊を空輸させて」（袖井林二郎『マッカーサーの二千日』）布教を図った。

天皇家にも神道からの改宗を迫り、皇太子の家庭教師にクエーカー教徒のバイニング夫人を押し付けた。「王様と私」のアンナのつもりなのか。日本人はその非礼に言葉を失った。

マッカーサーには靖国神社も目障りな存在だった。

ここでは終戦の年の11月20日、大戦で散華した将兵の霊を慰める大招魂祭が執り行われた。天皇陛下も臨席され3万人が参拝した。

彼はそれを知って靖国神社の焼き払いを思いつく。イスラエル人がカナンのバール神殿をやったようにローマ法王庁にやらせるのも一興だ。跡地はドッグレース場にでもするか。

それで法王庁日本代表の上智大学教授ブルーノ・ビターにそれを命じた。

ビターはまだまともなドイツ人で、馬鹿な役回りを拒否し、靖国は残った。

キリスト教布教もうまくいかなかった。大量の宣教師投入でマッカーサーは「二千万人を信徒にする」（同）つもりだったが、日本人はキリスト教の偽善を出島の昔から知っていた。

それに宣教師の中にサレジオ修道会のベルメルシュ神父もいた。彼は日本で女遊びにふけり、挙句に善福寺川スチュワーデス殺人事件の容疑者になる。

何人も目撃者がいて、さあ逮捕というときに修道会は彼を国外に脱出させた。キリスト教の本性を晒した事件だった。

皇室に入り込んだバイニング夫人もまた何の成果も挙げられなかった。

ミッション系出身の妃殿下が一度キリスト教の教えに言及されたとき、昭和天皇が厳しくたしなめられたという話が伝わる。

陛下は日本の根幹である神道を邪教扱いした米国もマッカーサーも、そしてキリスト教も決して好まれなかったように思われる。

その証拠になるか。日経がスクープした「富田メモ」がある。昭和天皇はA級戦犯の靖国合祀に触れて「松岡、白鳥までも」と不快感を示されたという。

なぜ二人だけ実名だったのか。一般には危うい三国同盟の推進者として不快がられたと言われるが、実は二人にはもう一つ共通点があった。

松岡洋右は米留学時代にキリスト教に入信し、信仰心は篤かった。国粋主義の白鳥敏夫も巣鴨に入った後、洗礼を受け、天皇ご一家も洗礼を受け、国教にすべきとまで言っている。

二人は靖国に似合わないと思われたか。

ともかく早く忘れたい日米関係ですが、そうも言っていられないし、ほろ苦い思いの多いＧＨＱの占領政策です。

3. 戦後40年、よく働いた日本人と、その後の日本人

――浪費と遊び中心では、心から満足できないのが日本人の特性――

１９４５年（昭和20年）に戦争が終わってから、40年、１９８５年（昭和60年）ころまでの日本人はよく働きました。

最初の10年は、生きるために働いたのです。

全国民が睡る時間を削り、休みもとらずに働きに働きました。

その後の30年は、働けば、それなりに欲しい物、たとえば、テレビ、自動車などが入手

でき、きれいな服やぜいたくな食事、また働きに応じた家を入手できることを知り、金銭欲でまず働きました。

ともかく、まじめに汗水流して働いたのです。そのせいで、日本経済は成長し、1人当たりGNPもふえ、1975年（昭和50年）には先進国の仲間入りを果たしました。

経済的には「アメリカに追いつけ」を相言葉にがんばったと言ってもいいでしょう。

そして1980年代のバブル、90年代に入ってのバブル崩壊となり、日本人の心に、アングロサクソン資本主義の魔が入ってきました。

いわゆるカジノ経済です。

それとともに日本人は働かなくなりました。土曜日、日曜日は休みます。それに祝日と称する休日が急増しました。

マネーがマネーを生むことも知り、それに溺れる人、株や為替を本業にする人まで出てきました。

そのために、1990年ころ以降、日本経済は停滞と後退をくり返し、国や地方自治体は借金漬け、人々の生活は日々に苦しくなりつつあります。

これらの実態を私の友人のビル・トッテンさんが分かりやすく1冊の本にまとめてくれました。『アングロサクソン資本主義の正体』（2010年7月、東洋経済新報社刊）です。

彼は1941年アメリカ生れのアングロ・サクソンです。来日して40年余、1972年にパッケージソフトの販売会社である（株）アシストを設立、社長になり企業経営を行うかたわら、何冊もの著書を出している経済学博士です。

彼はつぎのように分かりやすく述べています。


初めて来日して40年、日本でビジネスを行ってきた私は、日本経済の盛衰をこの目で見、自らの商売を通じて経験してきた。あれほどものづくりにプライドを持ち、すばらしい製品と手本となるビジネスモデルを築きあげてきた日本が、1980年代後半からバブル経済に熱狂し、90年代のバブル崩壊とともに一気に奈落の底へ転がり落ちた。これにより、数々の悲劇が生まれ、少なからぬ人が人生を壊されたことだろう。

自信を失った日本人は、アメリカをモデルとしたグローバリズムの侵略を許し、次々に市場開放、規制緩和を行ってきた。その結果得たものといえば、失業率の増加と、所得格差の拡大、犯罪・自殺の増加である。人々はマネーへの欲求に取り憑かれ、カジノ経済を野放しにするようになってしまった。

一部の権力者たちにとっては、カジノ化した経済は非常に旨みのある世界である。強欲な金融機関や企業は短期的な利益をあげることができ、そこから政治家へも献金という形で多額のお金が回っていく。彼らにとって、現在のシステムを変更したいどころか、さらに規制緩和を進め、カジノ経済を広げていきたい。そのためには、金融の世界は複雑で難解であり、一般の人々には理解し難い世界であったほうがいいのである。

この欠陥について、私は数多くの本や記事を集め読んだ。その多くは、世界的に権威ある人によって書かれたものである。それらを読み、この欠陥について人々が簡単に理解できるような、そして現在のように貧富の格差が広がるなど、多くの問題を抱える日本社会において、この欠陥を正すよう、政府に対して人々が要求できるような本が日本語で書かれるべきだと考えた。

このとおりでしょう。日本語で書かれた本、そして対処法として、ぜひ前述の彼の著作をご一読ください。

ともかく、まじめに働かなくなった日本人が、現在の不況の最大原因です。

日本人は、ぜいたくや浪費、遊びなどでは満足できない、性《サガ》を持っているのです。

それは日本語を常用語とする故なのですが、その理由は、最近の数冊の拙著に書きましたのでぜひお知りください。

しかし幸か不幸か3・11大震災で、日本人は何が大事なのかに目ざめたのではないかと思います。

ともかく1980年代半ばまでのように、日本人として勤勉に働こうではありませんか。

これで本章を終わります。

第5章　「びっくり現象」に注目しよう

（本章は2012年5月1日に記しました）

──それは「真実」と「未来」と「対処法」を教えてくれる──

私は「びっくり」することによく出合います。

まずエスカレーターで、びっくりした話をしましょう。香港のヒルサイド・エスカレーターは、山の手のセントラルとミッドレベルのビジネス街の高低差135mを約20分かけて結ぶ全長が800mのエスカレーターです。おそらく世界一長いエスカレーターでしょう。ついでに言うと世界で最短のエスカレーターは川崎市のファッションストアの入り口にあるそうです。高低差83・4cm、階段数は5段とのことです。これも「びっくり」です。

しかし、このように「びっくり」することには、すべて理由があり、「真実」と「対処法」、ことによると「未来」が分かります。

つぎは私ごとです。今年（2012年）の4月11日の夜、突然、左の腰部分が痛くかゆくなりました。見ると真赤に、おヘソから背中の真中まではれ上っています。翌朝、近所の病院の皮膚科に駆けこみました。「船井さん、疲れていますね。帯状疱疹です。すぐ入院、2週間余りは安静にしてください」と言われてまた「びっくり」です。おかげで4月12日から27日まで、必要な手紙の返事とブログの原稿以外、字も書かず、本書の原稿もストップ、来客との対応の他はほとんどをベッドでのんびり過ごしました。
毎日の点滴には参りましたが、いま非常に免疫力や体力が低下していること、何もしないというのも、たまには考える時間ができてよいことなど、「真実」や「対処法」も分かりました。「未来」についても少し考えました。

また、私が主幹として発刊している月刊誌『ザ・フナイ』に、２人の人が、安冨歩さんの近著である『原発危機と「東大話法」』（２０１２年１月、明石書店刊）を取りあげているのを読みました。「東大流生き方」も、それのマネをする「エセ東大人」たちも、いよいよ時流に外れ出したことを感じ、「日本人、特に大衆は賢明だな」とあらためて、すばらしい「びっくり」を経験し「未来」がよく分かりました。

もう一つびっくりしたのは、４月28日から久しぶりに本書の第4章の原稿を書き出したのですが、気がつくと詳しく書き過ぎ、ページを取り過ぎたことです。これでは第５章以下はいつもの私の文章のように結論中心になりそうですが、知識や資料があり過ぎて、知らせたいことのあり過ぎる自分に改めて「びっくり」しました。

以上のような次第、本章以降は、ポイントは、はっきり書きますが、なるべく簡単に結論志向で進めようと思います。

1．シンクロニシティはある。リンカーンとケネディの例から分かること

――歴史は、だれかに操られている――

ともに任期途中で暗殺された有名なアメリカ大統領にエブラハム・リンカーンとジョン・ケネディの２人がいます。

しかも、この２人には、シンクロニシティ（Synchronisity＝共時性）が、見事なまでにあるのです。

まず連邦議員になった年は、リンカーンは１８４６年、ケネディは１００年後の１９４６年です。大統領に当選したのはリンカーンは１８６０年、ケネディは１００年後の１９６０年なのです。暗殺者もリンカーンを殺したジョン・ブースは１８３９年生まれ、ケネディを撃ったハーヴェイ・オズワルドは１００年後の１９３９年生まれです。

２人の後任の大統領になったのは、ともにジョンソンですがアンドリュー・ジョンソンは１８０８年生まれ、そしてリンドン・ジョンソンは１００年後の１９０９年生まれでした。２人とも奥さんの面前でアタマを撃ちぬかれて亡くなったのですが、その日は、とも

に金曜日でした。

まだあります。リンカーン大統領の秘書の名前はケネディで、ケネディ大統領の秘書の名前はリンカーンだったのです。2人の間には、まだあるのですが、これだけで、これ以上に書くのはやめます。とはいえ、これだけのシンクロニシティを突きつけられると、われわれ人間は、というより歴史は、だれか偉大なる存在に操られていると思えます。その偉大なる存在、サムシング・グレートも忙しいので、このリンカーンとケネディのような共時性が、かなり多く出現するのだと思えて仕上がないのです。

「びっくり現象」は、いろいろ教えてくれますね。では次に進みましょう。

2.「日ユ同祖論」は正しいようだ。「君が代」と「ヘブライ語の歌詞」は同じ

――主要な日本人はイスラエル10支族の一員らしい――

私と飛鳥昭雄さんの対談書『4つの超常識対談』(2012年4月、学研パブリッシング刊)が出たばかりということと、きのう(2012年4月30日)、私のブログで詳しくPRしたので、きょう(5月1日)は、実に飛ぶように売れています。

この本で、2人でもっとも力を入れて話し合ったのは、日本人とユダヤ人というかイスラエル人との関係なのです。同書の35〜88ページには、そのことを書いています。

結論は「イスラエル12支族」は、ユダ族とベニヤミン族を中心にした南朝ユダ王国と、この2族を除いた10支族を中心としたサマリヤ地方を拠点とする北朝イスラエル王国に分かれたということからはじまるのです。

この前者が「ユダヤ」と呼ばれるようになったのですが、後者の「イスラエル10支族」がどうなったかは、さっぱり史実からは分からないのです。これが「失なわれたイスラエル10支族」と言われている存在なのです。

しかも私と飛鳥さんの結論は「日本人は失なわれたイスラエル10支族の直系らしい」ということです。

その理由は同書の対談時点では分からなかったのですが、日本人と同様、血統的にはイスラエル人もユダヤ人も黄色人種らしく、さらにＹＡＰ遺伝子を持っていることと、日本の国歌「君が代」の歌詞が、ほとんど同じ発音でヘブライ語にあることなんです。

いま、ユダヤ教信者と言っている人を一般にはユダヤ人と言っています。これは「闇の権力の正統派」（?）と一部の人に言われているユダヤ教徒（?）サバタイ派についての解明とともに、今後の注目するべきユダヤ人関係についての問題点となりそうです。

ただ私は、サバタイ派については、ほとんど興味がないので、興味のある方は、私と太田龍さんの共著『日本人が知らない「人類支配者」の正体』（２００７年10月、ビジネス社刊）の第４章「ユダヤから目を逸らしては世界の動きを語れない」の太田さんの発言で占められている章文と、１９９９年９月、徳間書店刊の『ユダヤ人の歴史』（上下巻、ともにポール・ジョンソン著、石田友雄監修、阿川尚之、池田潤、山田恵子訳）で基礎知識をお知りください。第４部の「シャブタイ・ツヴィとガザのナタン」以降を一読しますと、大要が分かります。

興味のない理由は、サバタイ派の思考や行動は「自然の理」に反しており、これからは、原則的にも時流からも、自然の理に逆うものは成りたたないのが、私にもはっきり分かってきたからです。

ところで、寄り道はこのくらいにしまして「君が代」の話に移りましょう。このヘブライ語の元歌の歌詞は以下のようになっています。日本語と照合してください。

〈日本語〉　〈それに対応するヘブライ語〉（カタカナで書きます）

君が代は　クムガヨウ

千代に　テヨニ

八千代に
細石《さざれいし》の
巌《いわお》となりて
苔のむすまで

ヤ・チヨニ
サツ・サリード
イワ・オト・ナリアタ
コ（ル）カノ・ムーシュマッテ

……で、日本語とヘブライ語が、まったく発音までよく似ていることが分ります。
次に、このヘブライ語の意味を述べます。（　）内は意味です。

クムガヨウ（立ち上る）
テヨニ（シオンの民）
ヤ・チヨニ（神の選民）
サツ・サリード（喜べ、人類を救う、残りの民として）
イワ・オト・ナリアタ（神・預言・成立する）
コ（ル）カノ・ムーシュマッテ（すべての場所、語られる・成就する）

……というようです。これを分りやすい日本語に訳しますと、

「立ち上れ、神を讃えよ！

神の選民、シオンの民よ！

選ばれたる民として喜びなさい！

人類に救いが訪れ！

神の預言が成就します！

このことを全地にあまねく述べ伝えなさい！」


……となります。

これだけで、「日ユ同祖論は正しいのではないか」と私は思うのです。

ということを知りますと「日月神示」の「ユダヤと仲よくし、イシヤを抱き参らせよ」も分かるということより納得できるような気がするのです。

それにしても、これも、すばらしい「びっくり現象」です。

3. 人は1日に1食で十分らしい

——食欲は慎しんだほうがよさそうだ——

世界的に人口が増え食料が不足するだろうと、いま世界中で大きな話題になっています。しかし、どうやら大丈夫のようです。

私の知人には、1日に朝、青汁を1杯飲むだけで15年も健康を維持し、人一倍元気に働きつづけている森美智代さんがいます。

彼女には著書が何冊もありますが、身長は155cmぐらい、体重は60kg前後で見るからに元気そうです。

有名な『少食の実行で世界は救われる』（甲田光雄著、2006年10月、三五館刊）の甲田先生の一番弟子として大活躍中です。

1980年代から90年代にかけまして私が何回もくり返して読んだ本にパラマハンサ・ヨガナンダの名著『あるヨギの自叙伝』（1983年9月、森北出版刊）があります。

この中に、ほとんど食物を摂らないで元気に生き働きつづけるヨガの行者の話が何人か出てきますが、本来、人は、食べなくとも生きられるのかも知れません。

インド人のマネクさんは太陽をずっと見ているだけで何年も食べ物を喰べていないということです（『三げんクラブ』誌2012年5月号参照）。

ところで、5月1日の日本経済新聞の2面と3面の下部全体を使っての広告を見てびっくりしました。

2面はPHP研究所が出した広告で『実年齢より20才若返る！』という南雲吉則さんの著書の広告が90％で「発売たちまち15万部突破」と出ており「こう見えても56才」と「30代半ば以上には見えない」南雲さんの写真を紹介しています。

第3面下部の全面広告は『「空腹」が人を健康にする』というやはり南雲さんの著書の広告で「一日一食で20才若返る！」とキャッチフレーズが出ていて、若く見える彼の写真と「話題沸騰、50万部突破！」と出ています。

実は1カ月ほど前に私もこのサンマーク刊の本を1冊買って読みました。

ともかく、おもしろい「びっくりさせられる本」ですが、事実だと思います。

結局、私が言いたいのは、人間は1日1食で十分に生き、十分に働けるようだ。しかもそれが適しているようだ……ということです。

余り、喰べることに、うつつを抜かすのはやめたほうがよいようです。

このように「びっくり」というのは「真実」と「対処法」と、将来100億人を人口がオーバーしても心配不要になるだろうという「未来」を教えてくれます。

「びっくり」を、ぜひ大事にいたしましょう。

そして、できるだけ「びっくり」しましょう。

第6章　経営のコツ、組織運営のコツは簡単

（本章は２０１２年５月２日に記しました）

――組織の人たちが納得して付いてきてくれればよい――

私の本業は「経営者」であり「経営コンサルタント」です。経営につきましては、非常によく知っている人間だと思います。というより、直勘でほとんどの場合は、正しい答が分かります。

やはり経営については「超プロ」＝プロを越えるくらいの実力がある1人と言っていいと自分でも思いますし、それは過去40余年の実績が示しているようです。少し自負が過ぎてすみません。

一方、経営＝組織運営法ともいわれます。どちらも、切り離しては考えられませんから、こちらも「超プロ」だと思っております。

他に私には、ほとんど取り柄がありませんから、これくらいしか能がありません。しかし、分かっている者から見ますと、やはり経営や組織運営について無知な方が苦労されているのを見ますと、気の毒だとしか言いようがありません。

本章では、私がもっとも専門にしてきたことを書きますので、できるだけ分かりやすく簡単に記します。

また、だれにとりましても常識的に納得できるように記したいと思っています。

私は、毎年、（株）船井総合研究所の大学新卒新入社員の入社式には参加してきました。

そして若いフレッシュな人々に30分くらい訓話をするのを、創業者としていままで何十年も続けてきました。

この時の話を、いつまでも彼らはおぼえてくれているからです。以下は今年の入社式での私の訓話のテキストです。それをそのまま、まず紹介いたします。

気楽にお読みください。

なお、これは今年（2012年）の4月2日の午前11から11時30分ころまでの講話です。

船井総研の社風

1、自由

2、よく働く

3、てっていした客志向

人間として大事なこと

1、自由

2、正しい哲学を持つ

3、大志を持つ

4、だれにでも親身で

5、仕事には生命をかけて

さて、以下の文章は、2010年7月、海竜社刊、船井幸雄・小宮一慶対談書『人生で一番大切なことは正しい生き方を「クセづけ」する』の中で、ともに京大出身の小宮さんと私が京大について述べている「自由な学風」のところの紹介です（一部加筆します）。少し長文ですが、じっくりお読みください。なお、これは対談の一部です。

自由が好き、京大の遺伝子【小宮】

船井先生も、私も京大出身ですが、京大出身の人は、自由な人が多いと思うんです。これは、学風があるのだと思います。

私は、サラリーマンをやっていたときから、土日も何かしら仕事に関係のあることをしていましたが、独立してからのほうが、間違いなく働いています。それは、おそらく、自由になり、仕事がより楽しくなったからだと思います。もちろん、自由というのは、勝手気ままという意味ではなく、精神的な自由さです。おそらく人から制限されたり、束縛されることが嫌いなのだと思います。

以前に京都大学の広報誌のなかで、京大の遺伝子という話を書きました。京大生とは、人からつべこべ言われたり、制約されるのが嫌いで、とにかく自分で物事を決める、という特性があります。

それというのも、理系はどうかはわかりませんが、私の出た法学部では、まったく自由で、2回生からは授業の登録すらないのです。当然、登録がないから、出欠もとりません。年に1回の試験を受けにいくだけなのです。もちろん、その試験できちんと点数をとるには、授業に出席するなり、勉強するプロセスがないと、点がとれないという前提でやっているのですが、それにしてもまったくの自由です。

そのような自由な学風なので、いろいろな人がいます。私の出席番号1つ前の人は、8年大学に在籍して過激派になって、結局卒業しなかったそうですし、1つ後ろの人は、外交官試験を一発で受かって外務省に入りました。しかし、せっかくのキャリアなのに、何年かで辞めてしまったそうです。やはり自由が好きだったのでしょう。

私が東京銀行で働き始めて、最初に思ったことは、働く場所を決めてくれて、独身寮などの住むところも決めてくれて、出社時間や退社時間まで決めてくれて、何と楽なのだろう、と思いました。自分で自己管理しなくとも、会社がすべき行動を決めてくれるのです。いままではそういうことは全部自分でやってきましたから、それはムチャクチャ楽だと思いました。しかし、そのうちに何でも決められることに耐えられなくなってきたのです。

結局は、何年か後に独立しました。私の友達を見ていても、やはり自由業のような仕事をやっている人が多いのです。そのような遺伝子が京大にはあると思います。

当時、株式上場させたのは京大卒の3人だけだった【船井】

私は家が百姓をやっていましたから、そちらが本業で、大学は副業のようなものでした。そのため、あまり学校には行きませんでした。あまり学校には行かなくとも、文句も言われなかったし、私は理系ですが、資本主義の研究のような好きなことをさせてくれました。いちおう卒業はできましたから、たしかに自由な学風というのは、あるんでしょうね。

また、私も自由が大好きだし、人から束縛されることは、好きではありません。京大の遺伝子、というのはあるのかもしれません。

考えてみれば、船井総研というのは京大風の会社だと思います。創業後しばらくは、規則もほとんどない、いつ来てもいいし、いつ帰ってもいい、やりたいことがあれば何でもやっていい。仕事は仕事として、経営の内容はすべて社員に公開して、儲かったらみんなで分ける、という方針でした。そのため、はじめの10年間くらいは会社としてお金も貯めませんでした。

あるとき松下幸之助さんに、いざというときのために、お金は貯めなければならない、と教えられて、それから貯めるようになりました。貯め始めたら、気づいたら会社が大きくなって、いつのまにか株式公開になりました。10年近く前からは東証、大証の一部上場企業として名前も売れたようです。そのような、自由で泥縄式な会社です。計画性はあまりなかったかもしれないけれど、その代わり、目の前にきた仕事に、皆、一所懸命に生命をかけて働きましたね。

私が船井総研の株式を上場したときに、ある証券会社の幹部から言われたことですが、「船井さんは、京都大学を出ているそうですね。学生時代はさぞ、成績がお悪かったのでしょうね」と。

なぜ分かるのですか？　と聞くと、「日本では、良い大学を出た人は、たいてい官僚になるか、大企業にサラリーマンとして勤める。旧帝大を卒業した人のなかで、会社を創って上場させたのは、いままでに、3人しかいません。自分で会社を創って、零細企業から大きくするなんて、そんな面倒なことは成績の良かった人はしないものですよ。だから船井さんは、学生時代に成績が悪くて、どこへも入れなかったのだろうと思ったのです」とのことでした。

しかも、私を含めて会社を上場させた3人がすべて京都大学出身だということでした。堀場製作所の堀場雅夫さん、京葉産業（現・ケーヨー）の永井幸喜さんと私ということだったのです。ともに、私の先輩でよく知っている人です。永井さんは私同様、農林経済学科の出身です。そんなことからも、京都大学の学風が作り出す遺伝子というのは、あるのでしょうね。

小宮さんが勤めておられた東京銀行にも、私はいまでもつきあいのある人がたくさんいますが、自由で良い社風でしたね。京大とまったくちがう堅苦しい学風の東大出の多い三菱銀行と合併してうまくいきますかね。学校には学風や校風があるけれど、会社にも社風がある。自分の特性に合ったところへ行くのがいいでしょうね。

……以上ですが、ぜひ読者に参考にしてほしいのです。

いかがでしょうか、何を言いたいかお分かりと思います。これが「経営」に参考になるのです。

組織体の人々が、自分にぴったり合うと納得して付いてきてくれれば、組織運営はうまくいくのです。

では本文にペンを進めます。

1．トップとの一体化が第一番目の条件

――組織体はトップ1人で99・9%決まる――

組織体は「国」のような大きな組織体から夫婦2人っきりの「家族」のような小さなものまで、トップ（実際に指（主）導権を持っている人）1人で99・9%決まります。

たとえば日本国やドイツなら首相、アメリカやフランスなら大統領、中国なら国家主席、北朝鮮は金正恩第一書記、わが家なら家内と2人ですが「家内」（?）のようです。

見事なくらい、この主導権者に組織体は動かされ、左右されます。

だから日本も、よい首相で、だれもが納得して付いていける首相をぜひ選ばねばならないのです。

会社などでは、従業員がトップ（主導権、指導権を持っている人）と、まず一体化することが第一条件です。

もちろん、経営の考え方や、やり方がまちがっているトップの場合、それは問題ですが、どんなに正しい方向性をトップが示唆して、会社を引っぱっていこうとしましても、従業

員の何十%かが一体化してくれなければ、その会社はうまくいきません。業績は低迷します。それだけに、2大政党制の民主主義の国が、えてしてうまく運営できない理由は、ここにあるのです。

半数近くが野党所属で、なかなか一体化できないからです。日本のいまの政党政治もうまくいかないでしょう。

さて、以上のようなことですから、これからのトップにとってもっとも大事なのは、組織内の人々から尊敬され、納得される人間性を持ち、行動ができることです。

「上、下を識るに3年を要するも、下、3日にして上を知る」と言います。やはり99%の責任は上にあるようです。

要はトップにふさわしくないと自ら思う人は、トップにならないことですし、やむをえずにトップになったらトップらしく生きることしかないのです。トップの方はよろしくお願いいたします。

2. 組織の人々が「伸びる5条件」を知っているのが肝要

――知ることは実践につながる――

ところで、もう一度、今年4月2日の船井総研の入社式での私の講和の原稿の「人間として大事なこと」(本書140ページ)に目を通してほしいのです。

私はこれを「伸びる5条件」と言っています。人間として、ここに書いた5条件を充たすと、どんな人でも正しく伸びます。世の中にプラスの貢献ができるのです。

とはいえ、これらの実行は、非常にむずかしいのです。なかなか実践できません。

だが、5条件を知っておくことは、だれでもできます。

実は知っているだけでよいのです。そうしますと周辺の人々が、この5条件を実践すると伸びているのに気が付きます。

そして、いつの間にか、自分でも、5条件中のいくつかを実践して伸びはじめるからです。

人間というのは上手くできています。

ともかく、まず知っておくだけでいい。知ることが肝要というわけです。

3. 日本流組織運営法はベストに近い

――ベストは、マクロに知らせ、自由で安心、さらに包みこんですべてを味方にすること――

私は仕事がら、世界中の多くの経営法や企業などと付き合ってきました。それで分かったことが多くあります。

結論だけ言います。

①　経営に、むずかしい理論も理屈も不要です。バランスシートや損益計算書は読める必要がありますが、それだけで充分です。

あとは組織の成員が、「学ぶ気」と「働く気」さえあれば、②日本流経営法はベストに近いのではないか？　……と思います。

③　日本流は、性善説に立って、全組織員にできるだけのことを知らせようとします。ふつうは、その人の担当のことしか教えてくれないものです。全体の流れを知ると「マクロにつかめるし、やる気も一段と出るもの」です。

④　しかも日本流は細かいマニュアルどおりでなく自由に組織の人にやってもらうのが

ふつうです。その方が効率が上るのです。
⑤　その上、できるだけ雇用の安定をはかります。安心して安全に仕事ができます。
⑥　さらに、日本流というか日本人は、たいていのことは許容できます。包みこめるのです。その結果、敵がなくなり、すべての人を味方にして助けてもらえるようになります。
……もちろん、このようにいっていない日本の企業も多くあります。福島第一原発の現場で働く作業員などは、知らされないし、しゃべれない契約の下で仕事をしているようで、ドイツ人の友人から「日本で日本流をどうしてやらないのですか？　福島原発の現場の労務者は気の毒ですよ」と叱られました。これは、リーダーが悪いのです。

一般には、日本流は「ベストの経営法に近い」と言っておきます。

ぜひ、日本人はこのことを知り、良識に立ち、日本人の特性を活かして組織運営や経営に当たってください。

これで第6章を終わります。「経営」を、決してむずかしいものだと考えないことを、くれぐれもお願いし、本章を終わります。

第7章　マクロにいまの世界情勢を知っておこう

（本章は２０１２年５月４日と５日に記しました）

――まず、米国、EU、中国を大づかみに知ろう――

いままでの世界は、第二次世界大戦終了後は米国が動かしていました。

ただ、最近、この米国の覇権にかげりが見えてきたのはまちがいありません。

中国が台頭してきましたし、貿易決済に占めるドルの割合いも50%くらいにまで落ちてきました。

また一昨年ころからEUが、がたがたしはじめました。ギリシアの破綻が話題になり、いまもスペイン、イタリア、ポルトガルなどが話題になっております。

一方、日本の10倍の人口を持つ中国が、いろんな面で話題になっています。

やはり、この米国、EU、中国を中心に世界の大勢は、大把みに知っておく必要があるでしょう。本章では、それらの要点を基本だけ簡単に記そうと思います。

きょうは2012年5月4日ですが、私は、いま2つのことに注目しています。

1つは5月6日に行われるフランスの大統領選挙とギリシャの総選挙です。「予測はしないほうがいい」のですが、あえてきょう時点の私の予測を言いますと、フランスでは現大統領のサルコジ氏が落選し、社会党から大統領が当選しそうに思います。またギリシアでは、いまの大連立与党が苦戦し、緊縮政策反対の野党が勝つ可能性が多くあります。いずれにしてもこれでいままでの秩序が大きく変わるでしょう。そのことを考えておいて対策が必要です。

いま先進国全体でも失業率は37％と言われています。25歳から74歳までの就業可能人口の約40％には職がないもようです。

何か大きなひずみに世界中が嵌りこんでいるようです。それに対する変化がはっきりと出てきそうです。人間は現在の不自由と将来の見えないことには、そんなに耐えられないのです。

２つめは、米国の年間軍事費が、どうなるかです。米国の軍事予算は、年間約60兆円です。中国は８・２兆円、日本は４・７兆円くらいですから、アメリカがいかに巨大な軍備を持っているかがよく分かります。

しかし、これが、これから減りそうなのです。中国の軍事予算は毎年10％以上は、しばらくは伸びそうですから、米中の今後の軍事予算には目を離せません。

特にこれによって、日本国憲法の改正や、日本の大変化も考えられないことはない……と思えますので、これも要注目なのです。

90％くらいのアメリカ人は、日本人の日本国憲法に関する考え方を誤解しています。マッカーサーが押しつけたものですから、憲法第9条を日本人は目の仇にしていると彼らは心底から思っているのです。「専守防衛」などという独立国らしからぬ憲法を押しつけられたのだから、押しつけたアメリカが第9条の破棄や改正を提案すれば、ほとんどの日本人は、よろこんで破棄あるいは改正するはずだと思っているのです。

アメリカ人の常識は世界の常識です。が、こんなことも知らないで「最高の平和憲法だ」と現憲法をよろこんでいる日本人が多いのも事実です。

本章では、そういうこともふまえ、一般的な常識にしたがって、マクロに世界の主なところの動きを見てみようと思います。

1. アメリカは底力を出せる国

――3つの赤字も解消できる力がある――

アメリカのことを、いまさら説明する必要はないと思います。それくらい日本人はアメリカという国をよく知っている（と思っている）ようです。

人口は日本の約3倍、年間国家予算も3倍の約300兆円です。その中で軍事費は60兆円、国家予算の20％を占める世界で一番軍備の突出した国です。

アングロ・サクソンが中心で主導権を持っているような国ですが、世界中の人が集ってきてアメリカには住んでいます。まさに人種の坩堝《るつぼ》と言っていいでしょう。

また、世界中のお金は、いまもアメリカに集中してきます。

次ページの表は、世界の主要株式市場の比較ですが、ニューヨーク証券取引所が段突の一番です。

アメリカは恒状的な財政赤字、経常収支赤字、そして対外債務の3つの赤字に苦しんでいます。それにもかかわらずです。

いま国際貿易のドル依存度は50％強ですが、年々下降しており、これが30％になれば、アメリカは国家破綻（デフォルト）しなければならなくなると考えられています。

このアメリカに、それでも次ページの表のように世界の資金が集中するのは、ドルがやはり圧倒的に強い国際通貨であるからです。

ただ世界で最大の債権国の日本の円と、2番手の中国の人民元の国際化も時流で避けられません。それとともに、ドルの貿易上のシェアが下落するのも如何ともしがたいと言える……のがいまの常識です。

そのために、アメリカは、すでに軍事予算の縮小を検討中ですし、日本を傘下に入れて、

主要株式市場の国際比較（2011年末）

（社、億円）

	新規上場企業数	上場企業数	時価総額	売買代金
東京証券取引所	38	2,112	2,546,362	3,426,320
ニューヨーク証券取引所	77	2,220	9,125,057	13,945,753
ドイツ取引所	12	750	913,241	1,253,510
ユーロネクスト	11	932	1,880,918	1,536,343
ロンドン証券取引所	41	1,069	2,178,541	1,434,633
香港証券取引所	88	1,326	1,737,937	1,630,236
ジャスダック	18	963	84,802	55,159
マザーズ	12	178	12,191	44,808
ナスダック（米）	75	2,680	2,974,594	9,842,908
AIM（英）	90	1,143	4,592,318	46,109
テックマーク（英）	――	84	343,368	
GEM（香港）	13	170	8,423	6,269

注）1．新規上場企業数と売買代金は1－12月の累計、上場企業数と時価総額は12月末。

2．時価総額と売買代金は12月末の為替レートで円換算。

3．東証は1・2部合計、外国会社を除く。ドイツ取引所は自由市場(Freiverkehr)を除く。ロンドン証券取引所は国内のみ。テックマークの売買代金は公表されていない。

4．ニューヨーク証券取引所、ナスダックについては新規上場企業数以外、ドイツ取引所の売買代金は世界取引所連盟による統計。

5．ニューヨーク証券取引所についてはETF等を除く数字。

6．ナスダック(米)の新規上場企業数はトムソン·ロイターより取得。

(出所）各証券取引所及び世界取引所連盟公表資料、Thomson Financialより野村資本市場資料研究所作成

日本と一体化して乗りきる方法を種々画策して行いつつあります。

もともとアメリカは「差別」と「貧困」を活用し、「略奪」と「戦争」で成りたってきたと言ってもいいような国（池田整治著『超マインドコントロール』２０１１年9月、マガジンハウス刊参照）とも考えられますが、おごりにまかせ、いままでにベトナム、イラク、アフガンで失敗して、現在は大変なのです。

私の知っている限り、戦後のアメリカの最盛期にはアメリカでは終身雇用が保障され、失業者もほとんどいませんでした。それが、いまは本当の失業率は20％ぐらいの荒れた国になりました。アメリカで働ける人口は２・４億人と考えられますが、実際のいまの就労人口は１・42億人くらいです。16歳から54歳の就労率は２００１年は80％、２０１１年は73・５％、55歳以上は２００１年は33％、２０１１年は41・５％という報告があるくらいです。

とはいえ、大きな国で、大災害も日本より少なく（たとえば、１９７０年～２０００年に震度５以上の地震のあった回数は、英国は０。ドイツ・フランスは２。アメリカは３２２、日本は３９５４回です）、資源が豊富で、エネルギーや食料は自給だけでなく輸出能力があり過ぎるくらいあります。

それに優秀な人材が多くいます。優れた人にとっては、アメリカは住みやすい国で、私の友人の「フリーエネルギー技術開発者」の発明家の井手治さんも、アメリカに移住したいとか言っていました。

そこへ、「お金」も集ってきます。

アメリカでは、公務員の給料が民間人に比べて高いなど問題点が多くあるだけに、すばらしいリーダーが出て、舵取りさえまちがわなければ底力も出せるし、3つの赤字も解消できると思えます。

いまのところ、うまくいくかダメになるかは確率がともに50％くらいと思われますが、人類のために、うまくこの大国の運営をしていってほしいと思います。いまのようにドルを刷ってお茶をにごすだけでは限界がくるでしょう。

そして、さいごに気になることを言います。アメリカのフォード、GM、クライスラーなどの3大自動車メーカーの売上、利益が好調です。その理由は、頭金がゼロか100ドル以下で車が入手できるからです。もちろん7年か10年くらい後で、元利合計を払う契約で売れているのです。このシステムは、住宅で使ってリーマンショックにつながった方法ですが、気になることです。まともにがんばってほしいものです。

2．ＥＵは近々、必ず崩壊する

――ムリなことは永つづきしない――

ＥＵは、もう崩潰したも同様です。そのことは、アメリカやドイツはもちろん、世界中の有識者の一昨年からの常識です。それにつきまして経済予測と評論で、いま人気絶頂の朝倉慶さんが4月27日に、次のようなレポートを私に送ってくれました。分かりやすいので、これを彼の了解をえて全文、そのまま掲載いたします。

少し長いのですが、よく分かりますのでお読みください。もちろん、私も朝倉さんと同感です。

ぶり返すユーロ危機

〈ユーロ圏の危機は欧州連合（ＥＵ）を破壊し、根底から覆す可能性がある。この点で欧州とソ連は似ている〉投資家ジョージ・ソロスは現在の欧州と崩壊していった旧ソ連とを重ね合わせました。ソロスは続けて〈欧州はソ連と似たような崩壊の過程が待ち受けている可能性がある〉と警告したのです。

再び世界の焦点となってきた欧州危機ですが、これは昨年の危機をスケールアップした状態で爆発を待っているかの様相です。表面的には収まっていた欧州問題ですが、根本的な問題がどうしても解決できません。一時的な弥縫策《びほうさく》を講じれば講じるほど域内の矛盾は拡大し、もうどうにもならないところまで行き着くだけです。まさに1989年、ソ連が劇的な崩壊をしたように事態は差し迫ってきています。再び欧州状勢を追ってみましょう。

全ては経済力の違った寄せ集め国家がユーロという共通通貨を使うということにあるのです。例えば東南アジアと日本が同じ通貨を使えば、仮に今のように東南アジアがどんどん発展してくれればこの共通通貨は機能するかもしれません、ところが逆に一緒の通貨を使った東南アジアの経済が落ちていく一方ではこの共通通貨は機能しなくなってしまいます。格差がつきすぎるからです。国力が違う国が同じ通貨を使うのだから弱い国が強い国に経済発展で追いついていく状態ならともかく、その逆では調整が難しくなります。通常はこの国際間の経済格差というものは為替で調整されるわけですが、その為替相場がないわけですからいわば調整弁がないわけで、この共通通貨を用いている各々の国が何とか政策をとらなければならないのです。一つは財政支援です、具体的には日本の中で過疎地に財政支援をするように、強い国が弱い国を財政的にバックアップしなければならないのですが、これが国が違うということで難しいのです。同じ日本人であれば都会の住民が過疎地の住民を結果として支援する形になっていても、一応、いやいやながらも都会の住民は納得することでしょう。ないしはこの都会の住民が過疎地の住民を結果的に財政支援している形は、実質的には税金という形に隠れていますので一般的にはわかりづらいものです。

ところが国が違うとそうはいきません、はっきりと支援をしたということは見えてしまいます。今回のギリシアに対する数回の支援でははっきりとユーロ圏内の資金がギリシア救済に投入されているのは誰にでもわかります。さらにはギリシアには国債の償還を減額され、借金が実質的には7割以上踏み倒されました。元々ドイツ国民としては働かないギリシア国民を救済するのは嫌なことだし、拒否したいのです。しかしユーロを存続するという大義名分の下にこのギリシア支援を受け入れてきました。

ところがこのように域内の矛盾が大きくなっていくと、このような債務帳消しの問題がギリシア一国ですむわけがないのです。またそればかりかギリシアにしても今回救済資金をもらったばかりなのに再びどころか、3度目の破綻に向かっていくのは必至なのです。借金というものはなかなか返せないものです。ましてやギリシアのように観光以外に何の主要な産業もない国家では尚更です。これが世界に冠たる製造業を有しているドイツと同じ土俵で勝負しろというのですから所詮無理なことなのです。

こう考えていくとこの共通通貨というものは域内の格差が拡大すればするほど、強い国家が弱い国家を救済し続けなければならず、これが救済資金として見えているものとまだ見えていないもの（朝倉慶さんのレポートでTAEGET2と言う話で紹介中）とあるのですが、実質目に見えようが見えまいがこの救済資金は天文学的に拡大する一方なのです。それにもかかわらず、域内の経済格差は縮まることがなく広がっていくばかりで、これはもう民主主義国家としては許容限度を超えつつあるのです。

ギリシアにしてもスペインにしても25歳以下の若者の失業率は5割以上です。若者の半分が職がないという社会を考えればわかりますが、これは悲惨です。それでもこのユーロという共通通貨圏にいたければ、ユーロという通貨の健全性を維持するために財政再建を更に行えと強制されるのです。そしてギリシアもスペインもその他の諸国もこの財政再建という緊縮経済を行っています。実はユーロ圏の各国の国民もこの財政再建という緊縮経済にはほとほと疲れ切っているのです。スペインの若者などは職を求めて旧植民地であったアフリカ諸国に移民する有様です。この辺がユーロ圏とひとくくりにしても難しい問題があるということが如実に現れています。

というのも仮にユーロ圏が一つの国家だったらどうか、と考えてみると、自分の住んでいるところに職がなければ当然、職のあるところに移住を考えるわけです。例えばユーロ圏が日本のような一つの国家と考えますと北海道の過疎地に住んで職がないという人は東京に上京して職探しを始めることでしょう。こういうことは自然です、中国だって農民工と言って地方から都会に人が移動してきました。これはどんな国家でもその発展過程に当然起こることです。ところが不幸なことにユーロ圏という経済圏ではこのような当然の住民の移動すら起こりえないのです。

どうして？　と思うかもしれませんが、ユーロ圏をよく考えればわかりますが、ユーロ圏は元々ひとつの国家ではありませんから、言葉も違うわけです、スペイン語、イタリアはイタリア語、ドイツはドイツ語です。フランスはフランス語です。これではスペインの若者は職がないからといってドイツに行って職を探すというわけにもいきません、言葉が話せなければまともな職などあるはずもありません。ですからスペインの若者はやむなく言葉の通じる旧植民地のアフリカに移住するという選択をするわけです。このようにユーロ圏というのは一つと言っても国家が寄せ合っていますので様々な不便があるわけなのです。

先に書いたようにユーロ圏各国が発展しているうちは問題が生じませんでした。ところが今の状態はまさに悲惨の一言なのです。一方で好調なドイツ、オランダ、デンマークなどと、ＰＩＩＧＳ諸国であるギリシア、イタリア、アイルランド、ポルトガル、スペインとは格差は広がることはあってもこれが縮まることはありません。例えばユーロ圏の鉱工業生産指数は今年2月には全体として１・８％低下したのですが、一方で個別でみるとドイツは横ばい、オランダ、とデンマークはそれぞれプラス６・７％、３・１％と上昇しています。ドイツの自動車産業などは史上最高益を叩きだしています。これとは対照的にＰＩＩＧＳ諸国の鉱工業生産指数をみますと、同じく2月はスペインはマイナス５・１％、ポルトガルはマイナス６・８％です。スペインとギリシアの失業問題が深刻になっている話は指摘してきましたが、これに対してドイツの失業率は20年ぶりの低水準になっているのです。ドイツの労働者は賃上げ交渉です。これほど格差が大きいのです。

国が違うということは政策も違ってどうにもならない部分があります。このように失業者が減らない状況は何故か？　と顧みてみますと、もちろん各国の経済状況も大きいのですが、それとは別に各国の雇用政策に一つの問題があることもわかってきています。例えばイタリアでは原則として労働者を解雇することができません。勤務態度に問題があったり会社の業績が極端に悪化しても雇用主は雇用者を解雇できないのです。そうなれば企業は余剰人員を抱えたくないですから当然新規の雇用、若者の雇用は控えます。現在のモンティー政権はこのイタリアの硬直的な雇用制度を変えようと試みましたが、国内の反対が強く立ち往生しています。スペインにしても１９７０年代半ばまで続いたフランコ政権の独裁時代に労働者の解雇や地域内移動を厳しく制限した慣行があるのです。それが今でも続いている形で、このような数十年続いてきた各国の仕組みはもう一つの伝統と言ってもいいようなもので、これを変えていくのは実際問題としては至難の業なのです。こうみるとやはり国家が違う、言葉も違うという地域が同じ通貨を持つという問題点にどうしても突き当たってしまいます。

欧州では第一次世界大戦、第二次世界大戦、それだけでなく戦争と争いを繰り返してきた歴史があります。これに終止符を打とうという大きな金字塔の下にユーロという通貨の統合を図り、いずれは国家統合を目指すという壮大な理想はあるのでしょうが、この大いなる矛盾を解決することは難しいというしかありません。

これだけではありません。そもそもこのユーロ圏を維持しようと無理に無理を重ねてきているので、もうその矛盾は爆発寸前というのが実態なのです。昨年秋からユーロ危機が叫ばれイタリア、スペインの国債の暴落が懸念され、もしそのようなことが起きればユーロが崩壊すると懸念されたわけですが、これは昨年暮れにＥＣＢが日本円にして１０７兆円という膨大な資金を域内の銀行に担保など吟味もせずに１％という低利で貸し付けたことで息をつきました。

いわば、これは緊急で大盤振る舞いの貸出をしたようなものです。どんな倒産寸前の企業でも当座、銀行が資金を融通してくれれば倒産は免れることはできます。しかし本業が不振では再び危機が訪れます。今回のユーロ圏の場合は一応このイタリア、スペインの危機に対してECBが膨大な資金を実質供与して当座を凌いだのです。これはどうやったかというとECBから受け取った資金を使ってイタリアはイタリアの銀行に自国の国債、スペインはスペインの銀行に自国の国債を買わせることで国債の暴落を止め、危機を先送りしました。ところが今やその玉も尽きて再び国債の下落が始まってきたのです。

こうなると今度は前よりも問題はスケールアップしてしまいます。というのもイタリア、スペインの銀行は自国の国債の持ち高が爆発的に増えたからです。今後暴落必至のイタリア、スペインの国債を以前より大量に保有して身動きがとれません。こうなったらやぶれかぶれで更にECBから資金を供給してもらって買い続けるしかないのです。結局、ECBは資金を貸し付けたものの、その資金は紙になっていく運命の国債を購入されているのですからどうにもなりません。何度も指摘してきましたが問題が起きるたびに紙幣を印刷してその場を凌ぎ、しばらく経つと問題が更に大きくなって再び現れ、そうすると更なる紙幣を刷る羽目に追い込まれていく、という繰り返しをしているに過ぎません。これは日本も同じで事あるごとに日銀に円を印刷させるということでその額がどんどん増えていくわけです。

こうしてユーロ危機は再び燃え盛ろうとしてきました。政治的な問題もあります、この5月6日に行われるギリシアとフランスの選挙です。ギリシアは今までの連立与党ではなくて極右や極左の政党が著しく支持を伸ばしてきています。もう改革はたくさん、デフォルトしろという主張です。フランスの選挙でも優勢とされるオランド候補はもし自分が当選すれば、ユーロの財政協定を破棄するという主張を述べています。要するに何処の国民ももう緊縮財政はまっぴらだという気持ちなのです。これが世論の怖さです。一度このような流れが始まると政治の世界ではこの勢いを止めることができません。こうしていよいよ財政再建の流れもとん挫していくことでしょう。その行先を予想している投資家ソロスはもうわかっているのです。〈ソ連と同じようになっていく〉、ユーロ圏の崩壊は必至、ソロスの予言は現実となってユーロ圏を襲い、そして世界に伝播していくことでしょう。

この朝倉さんの原稿は、ビジネス社から出る予定の彼の近著用だと思いますが、これを読み、ユーロやユーロ圏が、今後どうなるかを正しくつかんでください。ともかく矛盾のある仕組みは永続しないのです。

3．中国は本質的に大変だ

――人間には「自由」が必要――

次は、お隣りの中国のことです。

結論から言います。

いまの中国には「自由」が基本的にはないようです。

また、政府に都合のよいことしか世の中には正式に「発表されない」ようです。

これは独裁国にありがちなことですが、多くの人間を傘下にかかえる国である以上、このような態勢を100年も維持するのは困難でしょう。

特に現在はサイバー時代。たいていのことは真実がすぐに分かります。

いま中国では、年間で約10万件もの暴動が起きていると言われています。

1日あたり300件、ちょっと常識では考えられないほどの数字です。

いまのままでは、中国は国の維持ができないだろう……というのが私の結論です。中国人は優秀です。よく働きますし、金銭感覚もあり過ぎるくらいです。エゴも強いし、ものまねも上手な人たちのようです。議論も下手ではないし、正統論を話すことも、上手なようです。

ただし、いまの中国には……

①　技術がありません。そこでM&Aに走りますが、M&Aでは技術も人も、真に得ることは不可能です。これは経営の常識なのです。それを彼らは知らないようです。

②　ついで資源の使い方がチグハグです。人的資源や天然資源を、もっと合理的に活用するべきでしょう。

③　チャイナ・リスクというのか、賃上げやストが増えはじめました。このままでは世界の資本が中国から逃げていくでしょう。

④　不動産が値下がりしそうです。しかも物価インフレは、続くでしょう。

⑤　軍備増強でアメリカと争わねばなりません。国際的孤児になりかねないし、治安維持のために軍備増強をやめるわけにもいかないようです。

⑥　ワイロと汚職は、まだ増えつづけるようで、それとともに貧富の差もさらに拡がる可能性があります。

ともかく多民族国家ですし、不満にあふれる少数民族をかかえ、言語は統一しても、やはり沿海部と農村部の一体化を含めて国の一体化は、むずかしい問題だと思います。

それに人民元のフロート化の問題もあり、今後「一人っ子政策」による老齢化を控え、ぜひ上手に国をまとめていってほしいと、他国のことながら祈りたくなります。

ともかく人口が多すぎる。だから「自由」には、できにくい。これらが、どうなるかは隣国のことですから気になります。日本人としては、この中国を心底からできる限り応援しようではありませんか。

私は、日本と朝鮮半島、中国が一体化して世界をリードしていければいいな……と20年前から夢をえがいています。

できるだけ上手に、この夢を実現したいものです。何とかなると思うのです。

では、これで、マクロにとらえた世界の主なところの情勢についての私見を終わり、次章に進もうと思います。

第８章　これからの日本と日本人

（本章は２０１２年５月５日に記しました）

――大変化に翻弄《ほんろう》されるが、日本の時代がきそうだ。日本人はしぶとく生きぬくだろう――

本書の第3章で、「未来」は分からないようだが、分かるヒントがあると書きました。既述したように世界中や個々のことにつきましては「聖書の暗号」が今後も90％以上は当たりそうですし、日本と日本人につきましては「日月神示」が、100％近くも教えてくれそうに思います。

それらによりますと、いよいよこれから（というよりも）去年あたりから、世の中も日本も大変化の真っ只中に入っており、今年とあと2、3年が大変化の決め手の年になりそうに思います。

一昨日（2012年5月3日）に送られてきました中矢伸一さんとベンジャミン・フルフォードさんの対談書『闇の終焉と地球元年』（2012年4月、ヴォイス刊）の中で、お2人は、その辺のことを次のように上手に語っています。

ポイントは、①3・11は〝イシヤ〟による人為的なものだった。②日月神示が予言した〝イシヤ〟とは？　③未来の日本は1／3になる。④イシヤを〝抱き参らせる〟とよい。⑤中心的日本人の祖先はユダヤ人だった。⑥これからの大変革の時代には、日本人が重要な役割を果たす。⑦新しい文明は日本からはじまる。⑦いま人類は次のレベルへ行こうとしている。⑨２０１２年から２０１３年が正念場。⑩日本の未来は北からよくなる。……以上は、同書を読んだ私の「まとめ」です。お２人の意見と、私はほぼ同意見です。できるだけ同書をお読みください。

私は、日本語を話すことにより、日本人は特殊な人種になったんだと考えています。ところでこれは大事なことなので、くどいのですが、私の近著２冊に書いたことを、あらためて紹介いたします。

１冊めは、『素晴らしき真言《マントラ》』（２０１２年１月12日、草萠堂刊）です。日本人の特性を活かして生きていってほしいのです。これは母音言語の日本語を常用語とすることからであるのが、いまでは分かっています。

では要点を紹介いたします。

日本は立派な国です。あなたが日本人であることに、大いに誇りを持っていいと思います。ただ、日本人は日本人の特性を活かして生きないと、やがてくる肝心なときに使命を果たせません。その点だけは常に忘れないでおいていただきたいのです。

日本人の特性を改めてルール化しましたので、以下に挙げてみます。

①争いが嫌い、下手。和が好き。
②残虐なことができない。思いやりが強い。
③嫌なことは忘れるのがうまい。恨みを持たない。プラス発想型。
④策略は好きでないし、下手。
⑤「恥」の文化。「清」を大事にする。
⑥自然と一体化するのが好き。自然を理解できる。
⑦「直感力」は鋭い。
⑧大衆は「我執」と「金銭欲」に淡泊な人が多い。
⑨よく学び、よく働く。
⑩他に干渉したがらない。「包み込み」ができる。

2冊目は『船井幸雄の大遺言』(2012年4月17日、草苗堂刊)です。これは今年2月27日に書いた文章です。同書「あとがき」の一部です。では紹介いたします。

世の中で生起することは、「すべて必然、必要」と考えられます。

いま考えますとこれから記す結論を導き出すために、本書の第1章から第４章の文章が、必然、必要だったように思います。また、本書のまとめはじめに私が最悪の体調だったのも、その理由の一つのようです。

すでに読者の皆さまがお気づきのように、去年、２０１１年あたりから、あらゆる面で世の中が大変化しはじめたのが、だれにでも分かるようになってきました。

日本の去年の３・11大震災やその後の、世界中の天候異変はもとより、現状での短期的な経済予測をしますと、アメリカ経済は赤字の積み重ねの上に不動産市場の低迷と実質失業率20％超という実情で崩壊直前ですし、ＥＵはギリシャ問題の引きのばしが期限ぎれでもうすぐ崩壊まちがいなしと言えましょう。米欧の経済低迷で、輸出が激減したうえ不動産価格の下落や年間10万件の暴動などで中国も、問題点山積のもようです。

日米欧の金融緩和でいまの世界の株価はバブル状況になっていますが、欧米の金融バブルは必ず近日中にインフレ化を前提に崩壊するでしょう。私でも分かります。

このようにポイントを見るだけで、先月20日ごろからのドル・ユーロに対する急速な円安も、近く修正されるはずだ……と言えそうです。いま安心できるのは、日本の優良株式とゴールドくらいしかない市況状況ですが、数年先に資本主義の行きづまりが必至であることを考えますと、もう目先の市況にあくせくしたり、日々の利益を追求するのに汲々とする時ではないようです。

だから、本書では、かなりマクロに、ものごとを各面から把《とら》えて述べました。ところで結論をいそぎましょう。

本書の中で『聖書の暗号』については、かなり詳しく述べました。その中の「悪のコード」の予測はよく当たりました。理由を言いますとアカシックレコードを暗号化したもののようですから当たって当り前なのです。しかしそれよりも、いまは、その中の「愛のコード」の予言が重要なのです。

この「愛のコード」の中に、「日月神示で示されることは正しい」と強く示されております。本書内では、残念ながら、ほとんど「日月神示」については述べることができませんでした。しかしこの神示については参考になる本が多くありますし、今年4月下旬に、本書のすぐ後で学研パブリッシングから出る『4つの超常識対談　飛鳥昭雄×船井幸雄』には私が詳しく分かりやすく述べています。ぜひご一読ください。

「愛のコード」と「日月神示」を参考に本書の結論を言いますと、①よい世の中を創るのは、主として日本人の役割である。②このまま行くと今年から数年内に大難が人類を襲うが、それを小難にする方法はある。③日本人よ、人間性を高め、「自然の摂理」

に従って正しく生きなさい。④ただ、本当のユダヤ人と仲良くし、シークレットガバメント（闇の権力者）＝（フリーメーソン）をぜひ抱きこんでください。それらが大事なことになります。⑤あとは「日月神示」を詳しく知り、示されていることを実践してください……というようにまとまります。これが対処法の結論です。

いままでのところ「日月神示」の予測や発言は１００％といっていいほど当たっています。神示の内容も良識者なら完全に納得できることばかりです。読者の知識としては、最低限、本書で書いていることを知ってもらえば、大丈夫でしょう。そして、全てを「おおきに」と感謝することです。これが本書の大事な結論なのです。

これだけのことを、どうしても、この「あとがき」で本書の総結論として書きたかったのです。

以上の点はぜひ、よろしくご理解をお願いしておきます。

1．日本国債は近々に暴落の可能性がある

――常識的には、インフレと金利上昇で、あと4～5年で日本は破綻するかも――

日本の国債がＧＤＰの２倍も発行されているのは常識で、これが、いままで、あまり問題にならなかったのは、金利が低く、金利負担が少なかったからです。

国債の中心をなす典型的なのは10年物で、その発行された時の金利が10年間適用されます。たとえば、日本の10年物国債の発行時の金利は１９９０年代には６％を越えていました。それが最近は１％という低金利です。したがって90年代に発行した10年物国債を償還して、それらを借り換えてきたのですが、金利払いの負担が軽くなっただけ、多くの国債を発行できたわけです。

しかし、そのメリットもなくなり、発行量全体が増えたため、いまのままの１％で推移しても、10年物国債だけで金利が約17兆円にもなるという試算が発表されています。

もし３％に金利が上昇しますと、年間の税収を、この金利払いだけで上回り日本国は破綻してしまいます。

いま日銀は、デフレ解消のために1％のインフレターゲットを公表し、日銀券を刷りまくっています。

これは、「必ずインフレにするぞ」と公表しているようなものです。

それを受け三菱東京UFJ銀行などが、「日本国債急落シナリオ」の検討に入っています。

これは金利上昇がまちがいないようだから、対応を検討しはじめたということでもあります。

日本の貿易収支は去年まで黒字だったのですが、今年になって赤字の月が出はじめました。今後、赤字になっていくでしょう。一方海外の投資収益は黒字です。したがいまして経常収支（貿易収支プラス海外所得収支）はいまのところ黒字になっています。

しかし2016年には経常収支も赤字になると試算されているのです。

そうなると当然のように日本国債は信用力が落ちてきます。格付けも下がるでしょう。暴落の可能性は高いし、金利が上がることもまちがいないでしょう。

要は稼ぎが減ると、すべてがマイナスの循環になるのです。

常識的には高齢化の上に、働きが減り、稼ぎが減り、輸入が増えざるを得ないと思えますので、あと4～5年で日本は破綻するかもしれないことになります。

そうなりますと、多くの日本国債を保持している日本の金融機関も倒産の可能性が非常に大きくなります。これは、人ごとでも冗談ごとでもない大変なことです。
このことも、ぜひ日本人として十分にお知りください。
いまは、のんびりと遊んだり浪費をしている時ではないようなのです。

2. 日本株式は、今後10年ぐらい上がりつづけそうだ

――投機は決して奨められないが？――

私も船井総研の社長時代に株式を公開した男ですから、投機は完全に嫌いではありませんでした。株も為替も、かなりやってみました。しかし1994年に船井総研で、スイスフラン建ての転換社債（SFCB）を5000万スイスフラン発行し、その償還に円安と船井総研の株価安で一苦労してから、株や為替などの一種の投機的なことは、会社、個人とも一切やめてしまいました。その傾向を残して2003年には船井総研から身を引きました。

人間は汗水流して働いて稼ぐのが正しく、投機的な稼ぎはストップしようと決心したからです。いまでは、投機は人さまには決してお奨めいたしません。

とはいえ、いまの社会情勢を見ていますと、資産防衛のために、いままでの多くの日本人のようにタンス預金をしたり、銀行預金や国債に資産の大半を温存しておくのは、どうかと思っています。

アルゼンチンが2001年12月にデフォルト宣言をしました。またジンバブエが2006年末から2008年11月にかけて1兆倍強のインフレになりました。ドイツも第一次大戦後に天文学的なインフレを経験しています。

それらから分かる教訓というかルールがいくつかあります。大事なことを2つだけ述べます。

1つは、賃金上昇よりも絶対に消費者物価の上昇のほうが高いということです。そして消費者物価より、有力企業の株式の上昇率のほうがさらに高く、それよりも鉱物資源株式はさらに上昇するということです。

2つめは、現物資産へのシフトをしなければ、インフレ、高金利時代には、自分の資産は守れないということです。

これからの日本では、株式、不動産、金、貴金属などへのシフトが常識的には必要になるように思います。

特に、日本の優良株式は、いま世界水準からみて安すぎます。

日経平均は2012年5月2日の大引で9380・25円でした。5月4日のNY株式は13038・27ドルで取引を終わっています。

円とドルのちがいはあっても、同じ数値ぐらいが適正だというのが、世界の有識者の意見で、いま日経平均が1・3万円になっても適正だと思えます。

1945年から1989年まで上がりつづけた日本の株式や景気は、1990年から横ばいあるいは下降局面に入り、デフレに日本は悩まされました。

とはいえ、いま米国のFRB、EUのECB、そして日銀とも金融緩和というか増札する以外、当面の世界経済は持ちません。とすれば、これらのあり余るお金は、どこかで必ずインフレに向かうでしょうし、多分、株式市場に向かわざるを得ないと思います。

東証や大証の一部上場会社で、絶対につぶれそうにない会社、しかも配当性向がよくて株価の低い会社は、探せば多くあります。

このような会社への株式投資を中心に、常識的には資金の株式への投資を十分に考えてもいい時機がきたように思います。

世の中が、どう変わるか未来のことは分かりませんが、日本人が生きていける以上、常識的には、向こう10年くらい日本の優良株式は上がりつづけるのではないでしょうか?

３．ピンチの日本財政が救われる可能性はある

――インフレと株高が「打出の小槌」になる確率はかなり高い――

当たるか否かは別にして大胆に常識的に予測しますと、アメリカの大統領選挙を控えて今年中は６月ごろから円高、ドル安、ガソリン安、株安、ＱＥ３は「？」で、７月からはニューヨークから東京への資金シフトがありそうです。

またユーロは、ますます価値を落し１ユーロが１００円以下になる確率が高いように思います。

しかし、それよりもこわいのは、日本のインフレです。近い将来、日本ではインフレに必ず見まわれそうです。しかも株高になるでしょう。これがハイパーインフレ化し超株高になりますと、日本の財政難は一挙に解決に向かう可能性があります。

しかし、あまりインフレは歓迎できませんし、超株高も格差の問題が出ます。ですから、ほどほどにと思いますが、日本財政にとりましてインフレや超株高は打出の小槌になる可

能性はあります。われわれは「日月神示」をしっかりと読み、その訓えを知り、身を引きしめて、これからの大変化に正しく上手に適応しなければならないと思います。

この辺りで第8章を終わりますが、いろんな近未来の可能性を客観的、常識的に述べました。多分、ほとんど当たるでしょう。

3・11大震災で世界中に定着した日本人のいいイメージ、すなわち、①日本のメーカーは強い、世界一のものづくり集団である。②日本の政治家、官僚、一部の大企業経営者、リーダー層はかなり無能であるが、日本の大衆は、秩序正しく、しっかりしており、現場力も世界一と言える。③日本は、大衆レベルでは知性や良識レベルが高く、しかも世界でも、もっとも自由で平等な国である。④日本人は、よく働く。⑤デフレでも日本は困らないし、生産規模も生産内容も落ちないすごい国民のいる国と言える。⑥日本人のすばらしさの原因は日本語と高い教育水準である。⑦なぜ、いまだにアメリカというかGHQの洗脳から日本人が抜け出せないのか分からない。しかし、必ず日本人は目ざめ真の独立をするだろう。⑧そうなると日本人の時代となるだろう。……ということを充分に知ってほしいと思います。

これでもって本章を終わり、次の章に入りたいと思います。

第9章　いままでの1〜8章で言い残した大事な3つのこと

（本章は2012年5月14日と25日に記しました）

――マクロに良識的に意志決定しよう――

ゴールデンウィークも終わりました。

1年で一番いい気候というか私の好きな5月になりました。

いまのところ、まだ体調が完全でなく、話しづらく、喰べづらく、外食も外泊もできない私は、ゴールデンウィーク中も、庭の草木や花を愛で、友人たちから集まってくる情報をたのしんで日々を過しました。

その中で、『地球村通信』（高木善之さん主催発行）の2012年5月号の「原発再稼働について」という高木さんの書かれた文章に、大いに考えさせられました。

彼の了解を得て、まず、そのまま以下に転載いたします。

巻頭言　【原発再稼働について】

ネットワーク『地球村』代表・高木善之

★原発稼働ゼロ

日本の原発の総数50基（4月19日付で福島第一原発第1～4基が廃止されたため）。

しかし、定期点検などで次々に停止、現時点で稼働しているのはわずか1基。

この1基は北海道泊《とまり》原発だが、これも5月5日に定期検査に入るため、めでたい「こどもの日」に、めでたく日本は「原発稼働ゼロ」になる。

★「原発・関ヶ原の戦い」

「原発稼働ゼロ」は、安全を求める市民にはめでたいことだ。

このまま「原発ゼロで夏季を乗り切る」ことができれば、「原発はなくてもいい」ことが証明され、新エネルギー（自然エネルギー）に進むことができる。

世界の「脱原発」にも大きな影響を与えるだろう。

しかし、こんな素晴らしいことが、原子力村（政府・官僚・電力会社）には「最悪の事態」なのだ。なぜなら、「原発がなければ日本は成り立たない」と宣伝してきたことが根底から崩れ、原子力村の利権も根底から崩れるからだ。

そうなれば、「原発＝危険＝不要⇩廃炉」となるのは必至。

お金を生み出す宝箱だった原発が一転、「最悪の厄介物」になるのだ。

★政府と電力会社は「なにがなんでも再稼働」

5月5日に「稼働ゼロ」になる前に再稼働したい。

最悪でも、夏までに原発を再稼働したい。
そうしなければ原子力村は崩壊する。
※4月16日、枝野氏は「再稼働は5月5日までには間に合わない」と発言。

★最有力候補　福井県大飯原発
東京電力は「夏は乗り切れる」と発表。
関西電力は「夏は18％不足」と発表。
そこで、再稼働の最有力候補は関西電力の福井県大飯原発になった

★政府のシナリオ
1. 安全基準はおおむね確認された
2. 原発なしでは夏は乗り切れない
3. 地元の理解を得て再稼働する
4. 再稼働を政治判断

この1つ1つについて説明します。ぜひ、理解して周りの人にもお伝えください。

原発は安全か

・原発はロシアン・ルーレット

原発は地震、津波だけではなく、コンピュータの故障、人為的ミス、テロなどの可能性はいくらでもある。

原発は想定内、想定外にかかわらず、いつか必ず大惨事を起こす。

つまり原発は「ロシアン・ルーレット」なのだ。

・原発の事故の確率は「飛行機の墜落より低い」？

原発が稼働してから約50年。原発の最悪の事故（レベル7）は、チェルノブイリ事故（1986年）、福島事故（2011年）の2回。

50年に2回は少ないと言えるだろうか。

原発の被災者は数十万人、汚染地域は数十年、数百年、住むことができない。

経済的な被害総額は数十兆円。

総合的なダメージは、他のあらゆる事故とは比較にならない。

・ストレステストの安全基準（抜粋）

地震の加速度600ガル……福島原発は1000ガル以上で壊れた。

防波堤の高さ10メートル……最近の津波予想は20メ0ートル以上。

全電源喪失への対策……現状、対策なし（今後数年で建設予定）。

現状の安全基準は、きわめて危険である。

・福島原発事故の原因

津波到達前に、冷却水が流出し、放射線が感知された。

つまり地震によって配管が破断、冷却水が流出してメルトダウンした。

津波によって電源喪失、冷却がストップして、停止中の4号機も冷却がとまり爆発した。今回の地震より大きい地震でも配管などが破断しないことと、今回の津波より大きい津波でも電源喪失しないことが必要であることは明らかだが、どれほどの耐震強度や対策が必要なのかわかっていない。

さらに20メートル以上の津波を防ぐ方法もわかっていない。

それ以外に、コンピュータの故障、人為ミス、テロに対しての対策は不可能に近い。

事故原因も究明されず、その対策もない現在、再稼働はあり得ない。

・新組織「原子力規制庁」（環境省）は延期

今回の原発事故の責任部署である原子力安全委員会と原子力安全・保安院を廃止して、新たな組織「原子力規制庁」を環境省に設置する予定だったが延期になっている。今回の事故責任を問われるべき組織で、いまだに推進派の人間が仕事をしている。原子力安全委員会の班目委員長は「一次評価だけでは意味がない。二次評価が重要」と国会で証言した。

一次評価＝コンピュータによるシミュレーション（企業が作った数値）

二次評価＝シビア・アクシデントの際の対策……今は、何も無い状態。

1．原発なしで夏を乗り切れるか

高木善之さんが書かれた「原発再稼動について」の引用を続けます。

答は、ずばり「YES！」。

というのは、すでに東京電力も東北電力も「夏は乗り切れる」と発表。関西電力だけが「18%不足する」と発表したが、電力会社の予想は常に10%以上過大だった。昨年の大阪は、橋下知事の「電気は余っている。節電は必要ではない」という発言や、関西電力への反発から大阪府民は節電にはほとんど協力しなかった（それでも電力不足にならなかった）。

本当に電力が足りなくなるなら、大阪府民も本気で節電する。東京が昨年15%以上の節電（ピークカット）をした実績から見ても、関西も15%以上の節電（ピークカット）は可能だ。節電、停電より「ロシアン・ルーレット」を選択する人はいない。

・地元の理解とは

4月2日の国会中継、私は注視していた。福島瑞穂・社民党党首が枝野幸男経済産業大臣に「大飯原発の再稼働には地元の理解が必要というが、地元とはどこか」の質問を10回繰り返した。要は、原発マネーをもらっている福井県とおおい町だけの同意ではだめだ、ということなのだ。

30キロ圏に京都と近畿の水がめ「琵琶湖」を有する滋賀があり、１００キロ圏には大阪、兵庫、岐阜、三重、奈良が含まれるのだから。

枝野大臣は、はじめは「のらりくらり」逃げていたが、追いつめられて最後は、「地元とは福井県だけではなく近隣の府県であり、直接間接被害を受ける全国だ」と答えた。さらに「現状、私は再稼働に反対だ」と本音をぽろり。

これで、「早期の再稼働の判断はあり得ない」と思われた。

・政治的判断

★枝野大臣も再稼働に動く

枝野大臣が「地元とは福井県だけではなく周辺の府県」と発言した夜、枝野氏は野田佳彦首相、藤村修官房長官、細野豪志原発事故担当相の３人から強く意見され、再稼働に立場を変えた（背後には原発推進の仙谷政調会長代行がいる）。

★大飯原発　安全対策工程表

４月９日、関西電力は大飯原発の安全対策の工程表（計画書）を提出。

「免震事務棟やフィルター付きベント装置の設置を1年前倒しにして、2015年とする」

これは、いまはまだ何の対策もしておらず、「危険である」ということを明記したものであるが、なんと政府は、「再稼働の条件を満たす」と判断したのだ。

★あなたの判断は?

①原発には安全保証はない。
②大惨事は26年に2回。
③被害者は数十万人、汚染地域、被害総額は膨大。

以上を理解した上で、再稼働について判断してみてください。
正常な人なら「NO」です。
政治的判断が「YES」なら、「政治」とはなんだろう。

★ドイツ政府の判断

ドイツ政府は10年前に「脱原発」を決定したが、2010年にメルケル首相は「脱原発」を12年延長した。しかし福島事故後、６月にそれを取り消した。

この決定は、「倫理委員会」によるものだった。

メルケル首相の「原発は経済優先や政治判断、技術論で決めることではない」という判断によって、委員会は、社会学者、哲学者などによって構成された。

重要な問題は政府や企業が単独で決めるものではない。

ドイツのように倫理委員会か、イタリアのように国民投票で決するべきだ。

★日本政府の政治的判断

４月14日、政府は「大飯原発再稼働」を決定した。

その後には、枝野大臣が福井県に説明に行った。

なんと素早いこと！（北朝鮮のミサイル報道の遅さと比べて唖然！）

枝野大臣は福井県知事（西川氏）に、「大飯原発の安全は確認された。夏の電力不足を避けるために再稼働をお願いしたい」と頭を下げた。

福井県知事（西川一誠氏）は即答を避けたが、記者会見では次のような主旨の意見を述べた。

政府の安全宣言にはほっとした。

しかし、政府の『脱原発』の方針は変わらないまま、「原発の再稼働を」と言われても釈然としない。また、近隣の人たちが電力供給の恩恵を受けながら、「脱原発」と主張したり、立地県の努力や苦労を理解していないことにも不満がある。使用済み燃料の保管など応分の負担も必要ではないか。


原発マネーと引き換えに原発を受け入れてきた立地県の知事が、いまになって、こういう論理を展開すると周辺の知事からの反発は必至。

政府は、近隣の知事にも説明に行くと発表したが、周辺知事の合意はますます困難になるだろう。政府が拙速、稚拙な動きをするならば、国民の大きな不安や不満を招き、内閣不信任、解散総選挙になり、またまた政権交代につながるだろう。しかし国民は、もう民主党にも自民党にも期待しないだろう。


大阪府、大阪市が「再稼動のための8提言」を発表した。

滋賀・京都知事が「国民的理解のための原発政策への提言」を共同提言した。

私たちも「脱原発」に向けて様々な関わりを強化していこう。（転載ここまで）

私は、高木さんの意見は、どこから判断してもこの時点では「もっともだ」と思います。原発によって生計を立てている地元の庶民の気持、地元の自治体の本音なども、それなりに分かりますが、このような大事なことは、目先の「お金」や「便利さ」、さらに「利権」や過去の言動などから離れ、どんな人も分かるように、そして納得するように、マクロに人間としての良識で意志決定をするべきだと思うのです。

全員の意見の一致などは「ありえない」というのなら、総選挙をやって、その結果を見るか、国民投票で決めるべきでしょう。

いまのところ、日本の政治家も官僚も、「マクロに人間としての良識」を忘れているように思えて仕方がありません。

自分の本音を、「あっ」という間に翻した大臣がいると、高木さんは文中で書いています。そんな人を要職に就ける現在の内閣にも考えさせられます。

ともかく、国民大衆が真にしっかりしないと、いまの政治家や官僚は信用できないな……とはっきり感じました。これは残念なことです。

いまの世の中、日本のリーダーたちはどこか狂っているようです。これは自分の体験や良識とちがった行動を、いまの日本のリーダーたちがすることからも分からせられるのです。

私は経営のプロです。組織運営については人一倍よく知っております。経営体というより組織体は、トップ1人で99・9％決まります。

それだけに、まともなトップは組織内の「人」「物」「金」の大体の動きはもとより、かなり細部まで熟知しているものです。そうでないと組織体が運営できません。組織内で何億円もの「お金」が動いても、トップは「知らなかった。すべて秘書まかせだった」などということは、組織体運営の常識からも実際上も考えられないことですが、つい最近、そのような話が日本の政界にはありました。

いずれにしても、日本も世界も、真に良識的な納得できるリーダー層に早く変わらねばならない時期にきているように思います。

去年から実質的に国家破綻しているギリシア、そして来年には名実ともに破綻が確実だと思えるEU。これらのマクロには有識者には分かりきっていることは、はっきりと言い、その言動に責任をもつリーダー層がぼちぼちというより早急に日本にも必要になるように思います。

ともかく、読者各自が勉強して、正しいことを知り、マクロに良識的に考えて意志決定をし、1日も早くよい世の中をつくろうではありませんか。よろしく。

2．２０１１年から大変化の時代に入った

――これから多分こうなるだろう――

これからどうなるのか……は、未来は分からないとは言え、まったく分からないわけではありません。去年の３・11大震災のこと、今月６日のフランス大統領やギリシア総選挙の結果を見ても、いよいよ世の中が急速に変化しつつあるのがだれにでも分かります。

その中で、日本人にとりまして、もっとも信頼できるのは、私には「日月神示」のように思えますし、人間の発言では、出口王仁三郎さんや、現在私の近くにいる人としては、中矢伸一さん（日月神示研究家）とベンジャミン・フルフォードさん（社会・経済ジャーナリスト）だと考えています。

中矢さんとフルフォードさんは私が数年来注目している人で、ともに私の親友ですが、注目のきっかけは、私と中矢さんが当時（２００７年時点）、親しく付き合っていた中学３年生の霊感のするどいT少年の霊視からでした。

彼は私と特に親しい数十人の人たちの写真を見て、それらの人々のオーラの色を次々と言っていきました。ついでにその色を文字でも書いてくれました。それは私の直感と、ほ

とんど一致したのです。

その中で「真っ白」で最高の人間性を示す人だと、T少年が言った人は3人しかいなかったのですが、そのうちのお2人がフルフォードさんと中矢さんだったのです。

T少年のコトバによると、理想的で安心できる人間性の人は、「真っ白」で光るようになるというのです。その場合、決して「その人の人間性が悪くなることはない」と教えられています……と、彼の宇宙での先生からのコトバを伝えてくれました。

このT少年のコトバが、その他のことでは100%と言ってもいいくらい私には思い当たることばかりだったので、それ以来そのような目で、中矢さんとフルフォードさんを信じて付き合ってきました。

うれしいことに私の感覚が裏切られたことは1回もありません。

この中矢さんとフルフォードさんが、今度『闇の終焉と地球元年』(2012年4月30日、ヴォイス刊)という新著を出しました。九十数%は私の意見とも合います。最近こんなに「わが意を得た本」はありません。

そこで同書の最初のほうに書かれている大事なことだけを以下に紹介しようと思います。

●日月神示が予言した〝イシヤ〟こそ、フリーメイソンのことだった！

ベンジャミン　まず、日月神示についてお聞きしたいのですが、これはいつ、どのように書かれたものなのですか？

中矢　日月神示とは、昭和19年から昭和38年ぐらいまでに断続的に自動書記によって降ろされた神示、いわゆるスピリチュアル・メッセージです。神示を受けたのは、岡本天明という画家であり、神道家であった、いわゆる霊的な才能を持った方でした。

岡本さんは、もともとは日月神示を降ろす前に大本教（正式名称は「大本」）にいたこともあって、大本教の開祖でもあった出口王仁三郎とも親交があったといわれています。

けれども、大正10年と昭和10年の2回に及ぶ、国家当局による弾圧を受け、とくに二度目の弾圧は日本の近代史上最大・最悪と呼ばれるぐらいひどいもので、大本は潰れてしまったんですね。その大本の第二次弾圧からおよそ9年後に、日月神示の伝達が始まったわけです。当時は、岡本天明さんも自分で何を書いているのかさっぱり読めなかったそうですが、しばらくしてから、彼自身も、ようやくその価値に気付くわけです。

ベンジャミン　いわゆる予言的なことが書かれているわけですよね？

中矢　ええ。日月神示の中に、「神の国、一度負けたようになって、終（しま）いには勝ち、また負けたようになって勝つのざぞ」「女、子供の辛いことになるぞ。九分通りは一度出て来るぞ、それまでに一度盛り返すぞ」「いずれ元に返って来るから、元に返ってまた盛り返して来るなれど、またまた繰り返すぞ」「出てきてからまた同じようなこと繰り返すぞ、今度は魂抜けているからグニャグニャぞ、グニャグニャ細工しか出来んぞ、それに迷うでないぞ」などと示されています。つまり日本は、この戦争に負けるけれどもやがて復興する。でも復興したときには骨が抜かれたようになっている。そしてその後、もう1回つぶれたようになる。2回つぶれたようになって、やっとその後、日本としての本当の真価が発揮されるような時代がやってくるといわれているんですね。

今、世界全体がおかしなことになってきていて、神示には「金で世を治めて、金で潰して、地固めしてミロクの世と致すのぢゃ」という言葉も出て来るんですけども、今後は、経済や金融もうまくいかなくなると。また、「自由も共産も共倒れ」と出てくるんです。これは、自由資本主義も共産主義も立ち行かなくなるという意味です。（中

略）

そういうふうに世界がガタガタになって混乱した後に、将来的には、日本が大きな役割を果たすんだという記述がある。そして、やっと理想的な社会に向かっていく、というのが日月神示の大きなシナリオです。

ベンジャミン　なるほど。今がその大きな変化のときというわけですね。（中略）

僕は、もともと経済ジャーナリストだったので、世界の外貨を最も多く持っている国は日本だから、そのお金を使って貧困をなくして、環境破壊を止めれば、地球を良くすることができるのに、何でやらないんだろう、ということを最初に思ったわけ。そして、それを言い出し始めた途端に、僕を殺そうとする勢力が登場してきた。それと同時に、僕を守ろうとしてくれる勢力も出てきましたけれど。

そんな状況の中、だんだん見えてきたのは、世界の経済・金融システム、欧米の政府の裏側に、秘密結社が存在したということ。基本的に、結社は何種類かあって、中でも一番強い権力を持っているのは、信じがたいことなのですが、欧米の古代王族の血を受け継いでいると自負する貴族階級の家族の群れ。その血族マフィアたちはダビデの星（六芒星）をシンボルとしてルシファー信仰をしている、つまり、悪魔教を崇拝するグループ（船井注：サバタイ派のことを言っていると思います）。彼らは、世界の覇権を手に入れたわけですが、地球を運営する能力はなかった。それで今、地球が滅びそうになっている。現在、地球は絶滅の危機に瀕しているし、餓死しそうな人たちは10億人以上ともいわれている。実際に今、彼ら自身も自分たちがどうすればいいか分かっていない。

彼らが信じている古い教えというか、予言の中に、「東から光がやってくる」というのがあるわけです。（中略）それも、日本がその新しいシステムの発信地になるのではないか、と考えています。そうしたら、やはり日月神示という、そのような内容の予言をしている書があったということで、何か運命のようなものを感じました。（中略）

ドルやユーロの危機なども表面化していますし、既存のシステムは、これからどんどん壊れていきます。けれども、壊れるということは、今からもっといいものをつくるチャンス、ということでもあるのです。とにかく、現実の世界で具現化されて、ニュースで見えてくるものが、まさに日月神示で予言されていたことと同じなので不思議ですね。

中矢　そうですね。日月神示の伝達が始まったのは１９４４年ですから、もう70年近く前に降りたものですが、当時はあまり世の中に知られていなかったんです。90年代に入ってから、じわじわと認知度は上がってはきましたが、まだまだ、一部のオカルト好き、予言好きな人たちの間では有名、というものだったと思います。ところが今は、世界全体が、日月神示が予告していた通りの展開になってきていて、オカルト好きの人たちだけではない、普通の人々の間でも読まれるようになってきています。（中略）

それで、色々と調べていると、やっぱり宗教的な世界にどうしても通じてしまう。闇の権力の人たちのことも知っていくと、彼らは実に、現実主義のようで神秘主義であるということが分かってきた。彼らを知るには、宗教的な領域というものをちゃんと知らなければいけない。

ベンジャミン　僕の方もヒッピー世代なので、欧米文明が地球を壊しているというぼんやりとしたイメージが、若い頃からあったんですね。10代の後半の頃でしたが、僕は文明から逃げて、南米のアマゾンにたどり着いた。でも、はるか彼方のアマゾンにまで行っても自然が壊されている。このまま文明をほっておくとアマゾンだって駄目になってしまう、文明が地球全体を滅ぼしてしまう、と思ったわけ。その頃、欧米のヒッピーたちは、アジアに何か答えが出てくるんではないかと皆、アジアを目指して、旅に出ていたんですね。そこで、僕も日本の大学で学ぶことにしたんです。

そして今、もう日本に30年近くもいて、ジャーナリストとして日本の金融経済や世界の指導者たちを見てきた中で、何かを調べていて肝心の部分で登場するのが、まず、やくざとかマフィアみたいな用心棒たち。そして、その次に出てくるのは、財界人とか政界のトップ。さらには、宗教関係。そして、最後に出てくるのは、一神教の裏にいるグループや悪魔教的な発想とか、そういう世界観とそこにいる影の人々。

中矢　日月神示では、裏から世界を支配、コントロールしている人たち、闇の権力の人たちを「イシヤ（＝石屋）」と呼んでいるんですが、イシヤと戦って滅ぼせとは書いていないんです。それよりも、「抱き参らせよ」と。英語では〝ｅｍｂｒａｃｅ〟という言葉がわりと近いと思うんですが、抱き参らせて和合しなさいとあるんです。

ベンジャミン　とにかく、最初に「イシヤ」というコトバを聞いたときは、びっくりしましたよ。要するに、イシヤというのは、フリーメイソンのことだから。フリーメイソンというのは、もともと「自由身分の石工」という意味で、石工たちの同業組合（ギルド）だったわけです。

中矢　ベンジャミンさんは、実際にそういう闇の権力の人たちと渡り合っている方でもあるので、このような私たちの対談の内容なんかも、もしかして彼らには知られることにもなるのかなと思うんです。あるいは、日月神示そのものを翻訳して読んでいるかもしれないけどね。今、世の中がこういうふうな展開になってきて、彼らも行き詰まってくると、彼らを討ち滅ぼそうなんていうふうになっちゃうと、彼らも反発してくるはずなので、また戦争になったりするかもしれないでしょう。そこで、彼らと折り合いをつけて、むしろ、仲間として一緒にやろうじゃないかというような発想が必要ですよね。

●大変革の時代における日本の役割とは？

ベンジャミン　ちなみに、日月神示の中には、今から来るであろう大変革の時期的なものとか、起きることの本質についての具体的な記述はあるのですか？

中矢　基本的に日月神示には、いつどこに何が起こるといったことは一切記されていません。

私は、日月神示は、日本人のＤＮＡの中にある精神性がマニフェスト（具現化）された文章というふうに捉えているんです。だから人間が書いたものではなくて、もっと高次元からのメッセージともいえるでしょうし、ＤＮＡに刻まれていた日本人の昔からの、先祖の記憶や叡智が甦ったものともいえるんですね。日月神示には、色々なことが書かれてはいるんですが、まず、今の世の中はイシヤが支配していると。この言葉というのは大本教の頃から出てるんですね。そして神示には、「悪の総大将は奥にかくれて御座るのぞ。一の大将と二の大将とが大喧嘩すると見せかけて、世界をワヤにする仕組、もう九分通り出来ているのぢゃ」。これは、冷戦時代の頃に出たメッセージなんですけど、一の大将というのはアメリカ、二の大将は当時のソ連。その背後のさらに奥に、総大将が隠れているというんですね。そういう記述があるので、やはり闇の勢力というのは、実際にいるのだろうかと、私も興味を持ち始めたんです。

今後、具体的に世の中がどうなるかについては、いずれは闇の権力、イシヤの支配体制というのは滅びると。でも、いつそれが起きるかなど、年代的なことは一切書かれてないんです。でも、今までの流れを見ていると、彼らの命運はすでに尽き始めていると思います。

ただし、そのときに、先ほど出ました、日本が2度つぶれたようになるという記述に関してですが、1度目はこの前の戦争の敗戦のときです。そして、2度目がもう1回来ると。このときは、イシヤの悪の仕組みに日本も操られてしまっているから、引きずられる格好でもう1回つぶれてしまう。だけれども、そこからが本当の日本の力が出るときだ、と書いてあるんですね。その時期については、私は20年も前から日月神示の関係の本を書いていて時期を探っていますが、今、まさに世界中がガタガタになっているので、日月神示の予言というのは、今になって実現し始めたのだろうかと思いますね。

　そこで日月神示が説いているのは、今後、すごく日本の役割が大切になってくるから、身魂（みたま）を磨いておきなさい、意識を向上させておきなさいということ。これからが本当の神の国、神国日本が世に出てくると。それは、日本が世界を支配するんじゃなくて、私は日本が重要なコーディネーター的な役割を果たすんじゃないかと思うのですけれどね。世界を平和に治めるために、日本がすごく重要な役割を果たすんだという、それが地球文明の理想社会への第一歩になるという感じでしょうか。こういった大ざっぱなシナリオが日月神示に書いてあることです。

●金融の世界の裏にあるもの、それは、〝精神世界〟

中矢　今、大きな時代が変わろうとしているこの時期の背景には、どんな動きがあるのですか？

ベンジャミン　まず、最初に理解しなければならないのは、欧米の金融システム、つまり、ドルとかユーロが現物本位制ではなかった、ということなんですよ。では、何なのかというと、中央銀行の奥の院、例えば、スイスの国際決済銀行（ＢＩＳ）の中の厳重に警備され、秘密が守られている部屋の中で、ある特定の人物がブラックスクリーンというコンピュータ画面に暗号を入れて数字を入力するんです。その数字が、そのまま現実の世界ではお金になる。その幻の数字が、現実になるんです。結局金融とは、その数字を本物だと信じたら、本当になるという〝精神世界〟なんですね。考えてみれば、もともと1万円札というのは、信用がなければただの紙くずなんです。

中矢　意外にも、金融の世界こそが、精神世界だったということなんですね。

ベンジャミン　そう。僕がアマゾンに行ったのは、要するに、文明を知るためには、一度、文明を出なきゃならないと思ったんです。アマゾンの奥地の原住民であるシピボ族の所に行って、ペルーのすごい汚いヨレヨレの札を出したら、彼らは、わーって感じで驚いてね。「何これ、気持ち悪い」と。なんか、そのちぎれそうなお札を、まるでゴキブリを見てるような感じで。確かにばい菌だらけの、ぼろいお札だったわけだけれど。要するに、相手からすれば、こんなものは認めない。彼らの世界では、物々交換じゃないと通用しないんです。その人たちは、我々のいる世界の、つまり幻の世界の外に住んでるから。

そして、そんな権力を持っている人々、つまり、世界の覇権を持っていた欧米の血族マフィアが、金融と暴力を独占して、世界を動かすテーマを決めてきた。第二次世界大戦が終わったときに、一見、植民地支配は終わったかのように見えたけれども、結局それは終わってなかった。その後の植民地支配はさらに巧妙になって、要するに独立しているように見えても、あくまでもニセモノの独立。（中略）そして、銀行は現物の裏付けのないお金を刷ってかりそめの信用をつくってきた。（転載ここまで）

大幅にお２人の対談をカットしましたが、それでもかなり永くなりました。しかし、これで大要はお分かりいただけると思います。

詳しくは同書を１冊丸ごと読んでください。本体価格は１８００円です。価値はあります。「日月神示」を私がどうして信じるようになったかと言いますと、いまのところ同神示に預言されていることが１００％当たっていると思えるからです。

それと九十数％も、その「コード」の中に出てくることが当たるといえる「バイブルコード」いわゆる「聖書の暗号」に「日月神示がこれからはもっとも大事だ」という「コード」が何回も出てくるからなのです。

いま常識的に言えば、アメリカは三つ子の恒常的な赤字で四苦八苦していますが、立ち直る底力はあります。

ユーロ圏は崩壊するでしょう。もう永くはないと思います。

中国も大変でしょう。

日本も大変ですが、日本人の一般大衆は世界中がびっくりするくらいしっかりしていますから、生き残る率は日中欧米ではもっとも高く、日本人の特性からすれば「日月神示」でいう「大難を小難」にして、その役割を果たしそうです。

このように考えますと、ここで紹介したお2人の対談や、去年来の世界情勢の変化がよく納得できます。未来もおよそ分かってきます。結果としてよい世の中になるでしょう。

それゆえに日本人は特に期待されているようですから、正しく生きて、日本人としてがんばろうではありませんか。

3．いま気になる橋下ブームと小沢一郎事件

ところで、本書の直前に出る拙著は徳間書店から6月30日に発刊されます。『船井幸雄がいままで口にできなかった真実』です。以下は、同書の「あとがき」の一部です。

日本がアメリカの属国であるのは、世界の有識者の常識で、日本人でも心ある人は悩んでおります。その面から気になることなのです。

竹村健一さんが言ったように、「特別のニュースがマスコミ他で喧伝されるとき」は注意が必要です。誰かが、何かを、意図していると言っていいでしょう。

その1つが〝橋下徹〟ブームです。

副島隆彦さんが『ザ・フナイ』の2012年6月号に詳述していますように、彼はアメリカの日本あやつり対策班（ジャパン・ハンドラーズ）によって世の中に出たようです。これは、調べるとすぐに分かります。

私は、橋下徹さんに竹中平蔵さんと同じ匂いを感じて仕方がありません。しかもそのお2人はとくに親しく、2人のバックに笹川財団（The US Japan Foundation, The Nippon Foundation. 日本財団、東京財団などいくつかの団体があるが、資金の出所はモーターボート協会〈日本船舶振興会〉。中国で特務機関として暗躍した国粋主義者、故・笹川良一氏が率いた。彼は、後にCIAのエージェントとなったともいわれる。竹中平蔵氏は1999年から東京財団の理事長を務めた）がついているようですから、今後の日本のためにこのブームは注意が必要でしょう。

2つめは、小沢一郎事件です。

客観的に見て、いまの民意は小沢氏の言と近く、反消費税、反TPP、脱原発にあるように思われます。反アメリカ、反官僚といっていい小沢氏がなぜ警察やマスコミなどに執拗なほど標的にされるのか……その本質を少し深く考えるとき、橋下ブームとともに違った意味で気になることです。

ただ、それらが今後どうなるかも「真の自然の理」と「時流」が正しい答を近日中にわれわれに教えてくれそうに思います。

「真の自然の理」がどういう答を出すか十分に見て、何が正しいかを考えようではありませんか。

第10章　正しく上手に生きるコツ

（本章は２０１２年６月６日に記しました）

――日本人なら、「すなお、勉強好き、プラス発想」は、だれでも易しく実行ができる――

これから本書内で、私がもっとも言いたかったことをまとめて述べようと思います。第10章としましたが、本章は、本書の「総まとめの章」とご認識ください。それは「正しく上手に生きるコツ」についての「まとめ」なのです。

私は、日本人は幸せな人々だと思っています。

というのは、これから書きます「正しく上手に生きる3つのコツ」は、日本人なら、だれでもやさしく実行できると思えるからなのです。

われわれ多くの日本人は、日本人も世界の他の国の人とまったく同じような人間だと思っています。しかし、日本人には、いろいろないい意味の特性があるようです。

本書内にも一部書きましたが、脳生理学者の角田忠信さんの研究によりますと、「日本人の脳」は、日本語という数少ない母音言語を日常に使用しているために他の国の人々とはかなりちがった働きをしています。右脳と左脳の働き方がちがうのです。

また言霊研究家の七沢賢治さんも、最近、相ついで、日本語と日本人の特性の関係について発表しております。それらは私の近著に、いろいろ書きましたので、ここでは省略しますが、興味のある方は、以下の3冊の本だけは、ぜひお読みください。

それは、角田忠信著『日本人の脳』（1978年1月、大修館書店刊）、七沢賢治著『なぜ日本人はうまくいくのか？』（2012年3月、文芸社刊）、同じく七沢さんの著書の『日本人「発展の力学」』（2012年4月、文芸社刊）です。

私は、このお2人と特に親しく付き合ってきた関係で、彼らの言うことがよく分かります。みんな正しいと思います。

ところで、私は、40年ほど前から、成功する人は「すなお、勉強好き、プラス発想」の3特性をすべて持っている人だと経験上から知り、多くの知人に奨めてきました。

「すなお」というのは、「まず肯定して受け入れる」ということです。

「勉強好き」というのは、「知らないことを知ること、経験することが好き」ということです。

「プラス発想」というのは、「どんなこともよかったと思う」ということで、私は、1970年ころから、意識してこのような人間になろうとしてきました。

3つとも、成功した人々のマネをしただけなのですが、私のような人間にもそれらは見事な効果を与えてくれました。

おかげさまで、経営者としても、経営コンサルタントとしても、そこそこの成果をあげることができたように思います。また人生コンサルティングの極意だとも思っています。

少し具体論をあげましょう。

日本ほど、「すなお」に「正しく知ろう」と思えば、世界中の情報が、正しく入手できる国はあまりないと思います。ただし、日本の大手マスコミや政府の発表にだけ頼りますと、時にはまちがえます。なぜか彼らは大事なことを意図して発表しないことが多いからです。そこでちょっと一工夫して、世界の有識者とマスコミ情報を照合すればよいのです。

これは、いまの日本では簡単にできます。

たとえば、ホゼ・アグエイアスさんが、マヤ暦の終りは2012年の冬至の日だと、80年代にまちがって伝えました。いまだに、これを信じ、この日に何か大変事があると思っている人が世界中に多くおります。日本人にもいます。しかし、本当は2011年10月28日に、マヤ暦は一区切りが終わっているのです。そのことはマヤ暦研究家のカール・ヨハン・コルマンさんが、以前から学界で発表していました。

コルマンさんとアグエイアスさんは知人で、大議論をしたこともあるようですが、コルマン博士がアグエイアス博士を論破したことは、勉強している日本人ならみんな知っております。

だから2012年の冬至の日には、常識的には、世の中はほとんど変化しないでしょう。「3日間、暗黒の日がつづく」などということを、いまだに言う人もいますが、これは勉強不足もいいところです。

つぎは、2011年のはじめに私が入手したコルマン博士のマヤ暦の解釈の一覧表です。発表しておきますので御参照ください。

以下は2011年3月に知った第8サイクルの「昼」と「夜」の詳細な期間である。

●第1の昼：1999年1月5日〜1999年12月30日
●第1の夜：1999年12月30日〜2000年12月24日
●第2の昼：2000年12月24日〜2001年12月19日
●第2の夜：2001年12月19日〜2002年12月14日
●第3の昼：2002年12月14日〜2003年12月9日
●第3の夜：2003年12月9日〜2004年12月4日
●第4の昼：2004年12月4日〜2005年11月28日
●第4の夜：2005年11月28日〜2006年11月23日
●第5の昼：2006年11月23日〜2007年11月18日
●第5の夜：2007年11月18日〜2008年11月12日

コルマン博士によるマヤ長期暦の解釈

サイクルの名称	開始時期	各サイクルのDay及びNightの期間	サイクルの意味	サイクルの詳細
第1サイクル 細胞形成	164億年前	12億6000万年	多細胞生物の発生	ビッグバンによる宇宙の形成から体細胞生物の形成へといたる進化の過程
第2サイクル 哺乳類	8億4000万年前	6310万年	哺乳類の発生	多細胞生物が進化し哺乳類が発生する過程
第3サイクル 家族	4100万年前	310万年	社会単位としての家族の発生	哺乳類が人間へと進化し、さらに社会単位として家族が発生する過程
第4サイクル 部族	200万年前	18万年	部族の発生と道具の使用	家族を超えたより大きな社会集団である部族が形成される過程
第5サイクル 文化	10万2000年前	7900年	農業と宗教の発生	多くの部族が共有する文化の誕生
第6サイクル 国家	5124年前	394年	さらに大きな単位としての国家の形成	複数の部族を包含しその上位にたつ国家が誕生する過程
第7サイクル 惑星	AD1755年	19.7年	インターネットとグローバルエコノミーの発達による国家の枠を超えた全地球的な意識の形成	世界経済の発展と通信手段の発達に伴い、国家の枠を超えて地球規模のネットワークが作られる過程
第8サイクル 銀河系	1999年1月4日	360日	物質を超えた意識の発生	統合の原理が左脳の分析的な知から右脳の直感的な知に移行し、物質に限定されない宇宙的な意識が出現する過程
第9サイクル 全宇宙	2011年2月10日	20日	人類の意識進化の最終局面	マヤカレンダーの最終段階。人類の意識の進化が完成するとされる。

●第６の昼：２００８年11月12日～２００９年11月７日
●第６の夜：２００９年11月７日～２０１０年11月２日
●第７の昼：２０１０年11月２日～２０１１年10月28日

すべてのサイクルは２０１１年10月28日に一応は終了するようです。一区切りは終わるのです。しかし、そこでマヤ暦が終わるわけではないのです。まだまだ続きます。

次は、少し古い本ですが、この本は名著で、いまでもぜひ読者に一読を奨めたい本です。副島隆彦さんの『あと5年で中国が世界を制覇する』（２００９年9月、ビジネス社刊）という本です。その中の、２つの表を紹介します。

これに最近の数字をインターネットで調べ、書きこんで比べて見ますと副島さんの卓越した見解が納得できます。

ついでに現在、世界各国が保有していますゴールドのトン数を調べ、一覧表にして比べますと、いろいろなことが、はっきりして副島さんのこの本をよりしっかりと読みたくなってきます。

ついでに、われわれ日本人が、特に気にする中国人との生活感の諸問題につきまして少し述べましょう。

現在、中古マンション価格は、日本の大都会（東京）と北京や上海では、ほとんど同額です。これは1人当たり年間収入が、日本は400万円くらいあり、中国人の平均はいまでも、日本の1／8～1／10、北京や上海でも平均値では100～150万円くらいと考えられますから、日本は豊かで恵まれた先進国だといえるでしょう。

さらにもう一言付加しましょう。福島原発の現場の作業や作業員の状況などは日本政府や東電が正しく発表しません。しかし、欧米、特にドイツやフランスの資料が参考になります。彼らは正しく把んでいます。しかも、日本でもそれらはすぐに入手できます。

ともかく、日本というのは、このような一部大企業や官僚、政治家に大きな欠点がありそうですが、いまのところ、何といっても大衆が優秀で、平均的に自由で平等で、このように開かれたすばらしい国なのです。

では本文に進みましょう。

主要国の GDP（2008 年）の比較の表

国名		GDP	世界比率
アメリカ合衆国		14.3 兆ドル	23.8%
EU	ドイツ	3.7 兆ドル	30.7% 計 18.4 兆ドル
	フランス	2.9 兆ドル	
	イギリス	2.7 兆ドル	
	イタリア	2.3 兆ドル	
	スペイン	1.6 兆ドル	
	その他	……	
日本	（410 兆円）	4.3 兆ドル	7.2%
● 中国	（404 兆円）	4.3 兆ドル	7.2%
● ロシア		1.7 兆ドル	2.8%
● ブラジル		1.6 兆ドル	2.7%
カナダ		1.3 兆ドル	2.2%
● インド		1.2 兆ドル	2.0%
メキシコ		1.1 兆ドル	1.8%
オーストラリア		1.0 兆ドル	1.7%
韓国		0.9 兆ドル	1.5%
トルコ		0.7 兆ドル	1.2%
その他の国		……	……
世界合計		60.0 兆ドル	100%

2009年中に逆転する

IMF の統計を基に副島隆彦が独自に作成し直した。左端の●印が BRICs の中国、ロシア、ブラジル、インドの新興 4 大国である。

主要各国の米国債保有額

順位	国名	保有額（2009年5月時点）	前年同月比
1位	中国	8947億ドル	57.5%増
2位	日本	6772億ドル	17.7%増
3位	イギリス	1638億ドル	39.6%増
4位	ブラジル	1271億ドル	16.1%増
5位	ロシア	1245億ドル	95.4%増
6位	ルクセンブルグ	963億ドル	28.0%増
7位	台湾	757億ドル	92.5%増
8位	スイス	637億ドル	52.0%増
9位	ドイツ	552億ドル	22.9%増
10位	アイルランド	506億ドル	224.4%増

2009年7月発表の米財務省資料を基に改作して作成した。

1．長所に注力し、伸ばし活かそう

――「長所伸展法」は、だれでもできるベストの生き方――

本書第6章で「経営のコツ」の要点を述べました。

ここでは、その具体法を1つ2つ「すぐ効果のあがる方策」として述べましょう。

私個人としましても何千社という会社や自治体、病院などの経営をアドバイスして改善してきました。それらは業績の推移が残っていますから、だれも否定できないと思います。と言いましても大したアドバイスをしたわけでもないのです。

簡単に言うと「長所伸展法」を行い、「短所是正法」をストップしてもらっただけなのです。これは、どちらも、だれでもよろこんでやってくれます。そして即時、目に見えて業績が上がります。

それらにつきましては、私の「経営改善具体例3冊」に詳述しています。書名をあげますと、2010年6月にフォレスト出版から発行しました『退散せよ！　似非《エセ》コンサルタント』、同じくフォレスト出版から2011年6月に出した『世界でもっとも入りたい5つの会社』、そして『組織体運営はトップ1人のリーダーシップで決まる』（船井幸雄・加藤鉱著、2011年12月、ビジネス社刊）の3冊です。

具体例を知りたい方は、3冊ともに実例つきで分かりやすく書いていますから、ぜひご一読ください。

これらの経営手法を私が知ったのは1967年のことなのです。

「長所伸展」というのは、自分の長所、いわゆる得意でうまくやれることを伸ばし、それを活かすのだから、だれでもよろこんでやってくれます。

そして「あっ」という間に、より業績が向上して、より上手くいくものなのです。

逆に「短所是正」というのは、自分の短所、不得手なこと、下手なこと、うまくいかないのを努力して是正し業績を上げようとすることです。

大学の入学試験などでは、これはよい方法と言えそうです。会社や自治体などでも、業績が改善することもあります。

とはいえ、結論的には、おおむね芳しくない結果になります。まず「短所是正」は辛いものです。たのしくありません。それだけに成果につながりにくいのです。私が、永いコンサルタント業務を通じて、短所是正を奨めたのは1967年以来は一件もありません。

それまでは、時々は短所是正のアドバイスをしては、ほとんど失敗していました。

大学入試などは、どうでもいいもの……とまでは言いませんが、実社会では「長所伸展法」が正しく「短所是正法」は、できればやらないほうがよい手法のようです。

ともかく失敗せずよろこんでたのしんででき、労なく成功するのですから「長所伸展法」はベストの経営法であり、人間の生き方にも応用すると卓効があります。「ベストの生き方」とも言えるでしょう。

それは「ワクワクすること」にもつながります。ワクワクして楽しく、そして成果が上がるのですから、幸せな方法です。いますぐ「長所伸展法」にお取り組みください。

2. 常に「前向き」に生きよう

――「プラス発想」も、日本人なら簡単にできる――

日本人ってお人好しですね。アメリカに原爆を落とされたことを多くの日本人は恨みには思っていないようですね。

憲法第9条を占領軍に押しつけられたことも、ありがたいと思っているようです。

国の財政が破綻しそうなほど苦しいのに、どうせムダ金になるユーロ圏や、いろんなところへ惜しみなくお金をばらまいていますね。いまの世界常識から考えればフシギな変な人種です。私は日本人ですから、このような、すべてのことを「よいほうに解釈して行動したがる日本人の特性＝いわゆるプラス発想的特性」が、よく分かります。

そして、決してそれを否定するのではありません。が、根っからの経営者で、経営が分かる人間ですから、少しくらい将来のことや、いままでの経緯も考えて行動してほしいとは思っています。

次は私の考えている日本人や日本の特性で、私の結論は、世界でもっとも「自然の摂理」＝「天の理」に従った行動をしようとする人間が日本人のように思えます。ちょっと、以下の私の「まとめ」をご覧ください。

1　日本人の特性

（1）YAP（－）…これは日本人とアルザル人だけか？　・てってい的にお人よし・平和好き、助けあう・意識力強く・科学技術進む。

（2）右脳と左脳の働き（角田忠信さんの研究）…コトバに関係がありそうだ。

（3）他人の気持ちが分かり、人を傷つけないようにし、人によろこばれるようにふるまう。約束は守る。

（4）性善ポジティブ型が多い。お人好し。原爆を落とされても、占領されても善と考えたがる（週刊新潮の変見自在より）。
（5）平和な国。和が好き。競争は嫌いだし下手。謀事も下手（資本主義的生き方を恥ずかしいと思う。お金の話はおおむねきらい）。
（6）よく学び、よく働く。働くことは楽しいことだと考えることができる。大半は働き好き、仕事好き、すなお。
（7）好奇心強い。「責任は私にある」と考え、言うことができる（マッカーサーを感激させた昭和天皇がよい一例）。
（8）義があれば、死も受容することができる（アメリカが一番こわがったのは特攻隊）。
（9）自然と一体感を持っている。……虫の声、風の音、水の音が気持ちよい。
（10）包み込める。受け入れることができる。
（11）合理的でない。Take よりも Give 的（与える大義名分をつくろうとする）。
（12）繊細。美的センスもよい。きれい好き（ドイツ人ほどセイリセイトンに徹しないが、清ケツ好き。毎日でもフロに入る）。

2　日本の特性

（1）せまい国土に山、海、平地があり、川も身近にある。水は軟水。

(2) 気候は温暖。四季がはっきりしている。
(3) 牧畜には適さない。
(4) 人口密度が高い。
(5) 人口もほどほど。
(6) 差別が少ない。
(7) 自由、安全は世界でもトップクラス。

言うなれば、日本人の大衆は「天の理」的人間が多いのです。
①自他同然型　②効率型　③互助協調型　④公開型　⑤自由型
⑥自己責任型　⑦公平型　⑧平和型　⑨ポジティブ型　⑩万能型

これらは日本語と日本の環境・風土のせいだとしますと、地震や台風など天災の多い国で、程度のよくない政治家や官僚やリーダーは多少はいますが、それも「必然、必要で、努力してベストにするために「自然」というか「天」が与え給うた恩恵だと「プラス発想」するのが、よさそうです。

ともあれ、日本人は、常に「前向き」に生きたいのです。

そして「プラス発想型」なんです。

これらは、絶対によいことだと思います。

それは昔から農耕民族で島国で、何よりも「和」を大事にして生きてきたからかもしれません。世界に誇るべきよい素質です。だれもが苦もなく「プラス発想」ができ、「前向き」になれるのです。

この利点を、生きるうえで、大いに活用しようではありませんか。

3. 日本語を特別に大事にしよう

――日常語として、できるだけ日本語を使おう――

日本人って、どんな人種なのでしょうか?

いろんな血が混った雑種族だといえると思います。

ユダヤ人の血も混っているでしょう。

蒙古や漢民族、韓民族の血も入っているでしょう。

沖縄の宮古島へ私はよく行きました。ここへ行くと古代ムー大陸の一部が、いまも残っているような気がします。ムー人の血も混っているかもしれません。

それに昔から日本列島にいたアイヌや琉球人はもとより縄文人というか古代日本人が住んでいたようにも思います。

私は長年、楢崎皐月さんの研究をしました。

少し長くなりますが、大事なことなので詳しく説明いたします。十分にお知りください。

楢崎さんは明治32年（1899年）生まれで、昭和49年（1974年）に75歳で亡くなっています。この人は一種の天才ですが、そのすばらしい実績に比べると知名度は高くありません。長い間、埋もれた存在でした。ある事情で大学に進むことができず、学歴は電気関係の専門学校卒業のみというのも影響したのかもしれません。

学究の徒とはならなかった楢崎さんですが、社会に出てさまざまな発明をし、頭角を現します。その優れた開発能力を認められ、産業界や軍部の一部に重用されるようになっていきました。

たとえば、20代のときに特殊絶縁油を発明して、その事業化に成功しています。その後には人造石油を発明し、この技術は軍に採用されました。戦時中は軍の要請で旧満洲に派遣され、陸軍製鉄所兼技術研究所長を務めています。楢崎さんは敗戦を満洲で迎えました。満洲を占領した旧ソ連軍は、この日本人天才科学者を血眼になって探し回ったようです。

どうしても捕まりたくないと、彼は狂人のふりを装って日本に逃げ帰ってきました。『超健康のコツ』（２００１年３月、ビジネス社刊）という本でも詳述しましたが、戦後、楢崎さんが行ったさまざまな研究のなかで、私がもっとも興味深いと思っているのが、「イヤシロチ」と「ケガレチ」に関するものです。

この考え方は、昭和25～35年（１９５０～60年）の間の彼の研究を元に出した『静電三法』という本に書かれています。静電三法とは次の３つのことです。

①植物波農法＝よい農作物をつくる手法。
②人体波健康法＝病気を治し、人を健康にする手法。
③物質変性法＝物質や土地をよくする方法。

この研究は、かなり大がかりな実地調査を行ったうえで得た膨大なデータが基になっています。

農業技術の開発も目的としたようです。楢崎さんは、まず日本全国の「大地電流の測定」を行うことにしました。それまでも農民なら誰でも、土地にはよい土地と悪い土地があり、それが作物の育成と関係があるらしい、と経験的には分かっていました。彼はそれを科学的に測定したのです。

楢崎さんたちは、日本全国から１万２０００ヵ所以上の土地を無作為抽出して、次のような方法で実地調査しました。

調査地点の1アール（10メートル×10メートル）の土地に9つの穴を掘る。穴の直径や深さはそれぞれ30センチメートル以上。そして、①穴の上下の地層間に流れる電流の方向と電流値の測定、②酸化還元電圧の測定、③9地点間の電位差の測定、の3つを行う――。

1万2000以上ものサンプルが集まり、その分析結果から、土地はおおむね3種類に分けられることが分かったのです。
①優性生育地帯
②劣性生育地帯
③普通（標準）生育地帯
楢崎さんは、①を優性地帯とし「イヤシロチ」と名付けます。②は劣勢地帯で「ケガレチ」です。③は単に普通地と呼んでいます。

意味としては、イヤシロチは〝癒される地〟であり、ケガレチは〝穢れた地〟とも考えられますが、これは昔、日本に住んでいたカタカムナ人のコトバから命名したともいわれています。

イヤシロチとケガレチの命名については、楢崎さんが昭和20年代前半に別の実地調査の折に兵庫県の六甲山系・金鳥山の山中で知らされた「カタカムナ文献」から採用したようです。この文献を解読したところ、カタカムナ人は、土地にはよい土地と悪い土地とがあり、それをイヤシロチ（病気を癒す地の意）、ケガレチ（気が枯れる地）と呼んでいたことが記されていたということです。

――大和朝廷以前に住んでいたカタカムナ人――

カタカムナ人とはどういう人たちだったのでしょうか。イヤシロチとケガレチという言葉は明らかに日本語といえます。ちがうといっても方言のちがい程度のものです。これから先はあくまで推測ですが、大和朝廷が日本を統一するはるか以前に日本に住んでいた人に、カタカムナ人がいたと考えるのが合理的だと思います。

大和朝廷の日本統一後も南にはクマソやハヤト、北にはエミシなどと呼ばれる人たちがいたのは、古い史書が教えるところです。また、平野や盆地やその周辺の低地に住んで「里人」になった人たちの他に、海辺に住んで海の幸を糧に生きる暮らしを選んだ「海の民」と、山中に住んで山の幸を糧に生きる「山の民」と呼ばれる人たちがいたのも、日本の歴史研究者の間では常識です。このうち里人と海の民は住居も近接していたため早くに一体化しますが、山の民はなかなか里には降りてこず、昭和のかなりの年代に至るまで独自の生活や文化を守りつづけてきた人たちもいます。

楢崎さんに「カタカムナ文献」を見せてくれたのは平十字《ひらとうじ》という名の猟師だったそうですから、あるいはカタカムナ人は山の民だったのかもしれません。

ともかくイヤシロチやケガレチについては、遠い祖先から営々として築かれた知恵の一つだと考えていいと思います。

楢崎さんは実地調査の結果、イヤシロチに居住する人たちは、多くは健康人で病人が少なかった。ケガレチに居住する人たちは病気がちであり、調査家族すべてに病人がいたと報告しています。また、神社の位置と建物を調査したところ、いずれもイヤシロチに位置し、建物の損傷は少なかった。寺院についてはイヤシロチに多く、普通地にも少数が建てられていた。

つまり、日本人の本来の信仰である神道では、神社はすべてイヤシロチに建てたようだ。新しい外来の宗教である仏教では、やはりイヤシロチに寺院を建てようとしたが、もともとイヤシロチ自体が少ない。そこで、イヤシロチが見つからないときは、せめてケガレチを避けて普通地に建てた――このように考えてもよいようです。

そして楢崎さんは、本物の土地、人体、農作物、家畜などの正しいあり方を科学的に解説して一つの理論体系としてまとめました。当時、日本には三十数%の「ケガレチ」と十数％の「イヤシロチ」、そして50％ぐらいの標準的な地帯がある、と彼は言っていました。

―「YAP」という特殊な遺伝子をもつ日本人―

さらに「日本人」に関して最近わかったのは、古墳時代の日本人というのは遺伝子を調べると「YAP」という特殊な遺伝子を持っていたということです。この「YAP」遺伝子を持っている民族は、今のところ日本人しかいないそうです。「YAP」遺伝子にはプラス（＋）とマイナス（－）遺伝子があり、縄文人はYAP（＋）、弥生人には（－）が多いとされています。現在の日本人は「YAP（－）」を持っています。

この「YAP（－）」の遺伝子を持つ民族が大陸から海を越えて侵攻し、一気に九州を支配した後、卑弥呼の邪馬台国に攻め込んだとも考えられますが、私はちょっとちがうという意見です。ともかく彼らは前方後円墳という巨大な古墳をつくったために、古墳人と呼ばれています。すでにこの古墳人が「YAP（－）」遺伝子を持っていたようです。

おもしろい話をします。1947年7月2日、アメリカのニューメキシコ州ロズウェルで、UFOが墜落するという前代未聞の事件が起こりました。このとき墜落したUFOの3人の搭乗者の遺体を調べると、その3人の飛行士の身体に「YAP（－）」遺伝子が含まれていたというのです。

その人たちがいったいどこから来たか？　いまのところ、それはアルザル人といってプラズマに囲まれた別次元の空間からと考えられているのです。地底に別空間がある。そこに存在すると考えられているアルザル人は日本人の兄弟人種だとも把えられるから楽しいことです。

このようなことがあり、私は「ＹＡＰ（－）」遺伝子を持つ鍵はなにかと考えていたのですが、それは日本語に鍵があるように思うのです。日本人はどこから来たかよくわかりませんが、いまのところ、アルザル人は別にして地上の世界の人では日本人以外には「ＹＡＰ」遺伝子がないのです。縄文人は「ＹＡＰ（＋）」だったそうですが、「ＹＡＰ」を持つ人間は、競争を嫌い、秘密を嫌い、人殺しを嫌うという特殊な人間のように思うのです。

これはアルザル人の性格とまったくそっくりなのです。かれらは文化レベル、技術レベルではわれわれより、少なくとも１０００年以上、進んでいるといわれています。アルザル人については、詳しくは私と飛鳥昭雄さんの近著の『４つの超常識対談』（２０１２年4月30日、学研パブリッシング刊）をご一読ください。

また楢崎さんにつきましては、拙著の『イヤシロチ』（２００４年2月、評言社刊）と『イヤシロチⅡ』（２００５年11月、評言社刊）を、お読みください。

私が、言いたいのは、カタカムナ人は、いまの日本語と近いコトバを話していたようだということです。

ところで、本書内や本章で述べましたいまの日本人のすばらしい特性は、どうやら常用している日本語にあることはまちがいないもようです。

それは生年直後に日本で育っただけでなく、私の親しい人で言いますとアメリカ生れのビル・トッテンさん、韓国生れの呉善花女史、カナダ生まれのベンジャミン・フルフォードさんのように日本に住み、日本語を母国語並みにたえず使っていると、人間性まで日本人的になるように思います。

カギは母音言語の日本語にあることだけは間違いないようです。

英語を常用語にしようなどというバカげたことを考えないで、日本人は日本人らしく、日本語を特別大事にして、どこに住んでも日本語をなるべく多く使い、そのよさを活かしてほしいものです。

外国語も知らないより知ったほうがよいし便利です。とは言え、日本語の大事さだけは十分に認識して、たえずできるだけ日本語をお使いください。

これをさいごにお願いし、本章とともに、本文のペンを置きます。

＝以上＝

あとがき

きょうは２０１２年６月15日です。本書の書きはじめが今年3月25日、そして原稿を書き終わったのが6月15日です。ここ30年くらいの３００冊をこえる拙著で、３ヵ月近くも1冊の本に時間をかけたのは、多分本書だけだろうと思います。

また、「家内に捧げる」と書いた本もはじめてですし、家内の言に従ってペン字で原稿用紙に縦書きで一字一字を書いたのも十何年ぶりのことです。

本書は章ごとに原稿を書いた日を章題のすぐあとに書いています。また書いている途中で帯状疱疹になって10日余りペンを持てなかったり、途中で書き出した本（『船井幸雄がいままで口にできなかった真実』６月30日、徳間書店刊）を先に脱稿したりで、本書脱稿には思わぬ時間がかかりました。

それだけに「いま日本人が知らねばならない大事なこと」をそれなりに、うまく捉え、30項目にまとめ上げえたと思います。

きのう半日余かけて再校正を行いましたが、本当に言いたいことを簡潔に述べられたよい本になったと喜んでいます。

ところで私はいま「本物」の勉強をしています。

これから本物時代が来ると思えて仕方がないからです。

本物とは何か……それについて今朝から1つの文案を書きました。それは今月25日の「船井幸雄.com」で、発信する予定なのですが、まず、その原稿の文案をここに掲載します。

〈いま一番知らせたいこと、言いたいこと―本物とは何だろうか――私の鋳型論〉

2012年6月25日　船井幸雄

㈱船井本社の関連会社に㈱本物研究所があります。

今月、同社の株主総会が開催され、大株主の1人の私も参加しました。

私は本物とは、

①つき合うものを害さない、②つき合うものを良くする、③高品質で安全、そして安心できる、④単純でしかも万能である、⑤経済的である……この5条件を充たすものと言ってきました。

同社は、この条件に合ったものを選び、つくり、日本中の販売店（小売店）約数百店に卸している会社ですが、最近、「本物」についての御質問が私のところにも多いので、同社のことも考え、少し「本物」について書いてみようと思います。

なお、船井本社グループの一社のイリアール㈱は、本物を扱っている小売店です。

では本論に入ります。

前記の5条件のうち、むずかしいのは、②の「つき合うものを良くする」と③「高品質で安全、そして安心できる」の2つということになります。

というのは、だれにも、この2条件がはっきり分るようにすることが、これから必要になると思われるからです。

また、だれが扱ってもこの2条件を充たさねばならなくなるように思います。

そういう意味で参考になるのは、ハロルド・サクストン・バー博士の「ライフ・フィールド論」です。私は「鋳型論」と言っています。

これは同氏の著書“Blueprint for Immotality”＝（不死への青写真）1972年刊に書かれている理論なのです。1889年生れ、26歳で博士号を得、医学部の教授、名誉教授としてイエール大学で教え、かつ研究された同氏は、亡くなる前年の1972年に、この著書を発刊、「生命の鋳型論の核心」について発表しました。それは、つぎのようなことです。

以下はハロルド・サクストン・バー博士著、神保圭志氏訳『生命場の科学』（1988年7月、日本教文社）の文章を転載したものです。原著は“Blueprint for Immotality”です。

さいごに、ハロルド・サクストン・バー博士が“Life Field”として書いている「生命の鋳型」について少し紹介しておきます。

生命の鋳型

目に見えず、触れることもできない電気力場というものを、科学者でない一般の人向けにわかりやすく説明するのは、なかなか骨のおれる仕事である。そのため、これからお話しすることは、しばしば卑近な例を引用しているが、そうすることによって、この「生命場」——これからは「ライフ・フィールド」と呼ぶことにしよう——の実態および、その重要性について理解する手掛かりが得られるものと思う。

ハイスクールの理科の授業で、磁石の実験を行なったことのある人は、ぜひそれを思い出してもらいたい。紙片の上に鉄粉を一面に撒き、その下に磁石を近付けると、鉄粉はひとりでに磁力線に沿って並び、「磁場」のパターンを描き出したはずである。そして、鉄粉をそっくり入れ換えて、もういちど同じことを繰り返してみても、そこには従来とまったく同じ文様が出現する。

ずっと複雑ではあるが、これと同様のことが人体の中でも生じているのだ。われわれの肉体を構成する分子や細胞は、絶え間無く壊れ去っていく一方、食物から供給される新鮮な素材によって、新たに再生されている。だが、このように生成流転しながらも、肉体がほぼ、過去と同じ姿かたちを保っていられるのは、「ライフ・フィールド」が存在し、それによってコントロールされているおかげなのである。

最近の研究が明らかにしたところによると、われわれの肉体の物質が入れ換わる速度は、従来考えられていたよりずっと速いという。たとえば、体内の蛋白質がそっくり入れ換わるのには6ヵ月もあればよく、なかでも肝臓などの組織はもっと短い期間で、どんどん新しくなっているのだ。

半年ぶりで、ある友人に会ったとしよう。彼は一見、何の変わりもないようにみえるだろう。だが、彼の顔面を構成している分子は、半年前とは全然別のものになってしまっているはずなのである。それでも顔面パターンが友人のものだと、支障なく識別できるのは、古い分子と同じ位置に「ライフ・フィールド」が新しい分子を配列してくれるおかげなのである。

最新の測定器がライフ・フィールドの存在を明らかにするまでは、絶え間無い新陳代謝を通してつねに物質が入れ換わっているのに、肉体がその形状を保っていられるのはなぜなのかという問題が、生物学者たちを随分と悩ましてきた。だが、いまや、その謎は解かれたのだ。物質自体がいかに変わろうとも、肉体の電気力場が「母胎」

もしくは「鋳型（フィールド）」としての役目を果たすために、肉体の形状は従前どおり維持されるというのが、その真相なのである。（中略）

では、ライフ・フィールドの測定とは、具体的にはどうするのだろうか。まず、道具には、特別な電圧計および電極が使われる。これを使ってライフ・フィールドのさまざまな部分について、電圧パターンもしくは電位差を計測し、記録すれば、その姿がしだいに明らかになってくるのである。（転載ここまで）

鋳型というには、だれにでも測定でき、同じ答が出るということでなければなりません。何人かが認めたとか確信を持っただけでは前記の②と③は実現するかも分らないが、実現しないかも分らないからです。

なぜなら、確信した人にしかその本物（？）と思えるものは奨めてはいけないし、確信しない人は、本物化が実現しない可能性があると言えるのです。

この鋳型論に合うように「本物」の条件を、これからきびしくしていくべきだと思います。

前記本物研究所の株主総会後のことですが、世間話で7月中下旬のある日に東京直下型大地震があると、高名な超能力者が言っているという話がありました。

私は、そんなことはあるかも分からないが、多分ないだろう……と思います。

人間には、未来のことは分からないはずなのです。超能力者や霊能力者と言われる人のコトバは「参考として聞くのはよいが、信じるべきではない」という私の経験からみても、多分、ほとんどの人は、私と同じように思っていることでしょう。

ということは、その超能力者の言葉はまだ鋳型になっていないし、まだ本物ではないということになります。

もちろん、こういう予測が当りつづけて鋳型になると、それこそ本物の超能力者になるのですが、いまのところはそんな人が現れるか、はなはだ疑問です。

とすれば、こんな噂話は笑いとばしておけばよいのです。

ただ、万一の場合のことを考えて準備はしておいた方がよいでしょう。

ともかくこのような目で「本物研究所」や「イリアール」を「すべて真の本物」を扱う会社に成長させたいものだ……といま、両社の株主として私は考えております。

読者の皆さまもよろしくご指導ください。

さいごに一言、「スペイン政府10兆円の有効期限は今月末まで」というのは私には本物情報のように思われます。よろしく。

=以上=

以上のとおりですが、本書も本物の本になったように思います。

なお、8月はじめに、ビジネス社から本書に続いて『(天下の悪法)大麻取締法を廃棄しよう』(仮題)を出す予定です。

これも本物の本とする予定で、いま原稿を作成中です。ぜひ、ご期待ください。

桜の咲く直前に書きはじめた本書が、この梅雨時に原稿ができ上がります。

これだけの期間をおき、原稿を書いた日付けと文章を読みますと、私の、その時々の予測は外れていませんが、この間の大変化の日々のことがよく分かります。

いろんな面からたのしく本書をお読みください。

では読者の今後のすばらしい日々を期待し、本書の「あとがき」を終わります。

２０１２年６月15日　熱海市の船井本社会長室で

著者

●著者略歴

船井幸雄（ふない・ゆきお）

1933年、大阪府に生まれる。1956年、京都大学農学部農林経済学科を卒業。日本マネジメント協会の経営コンサルタント、理事などを経て、1970年に㈱日本マーケティングセンターを設立。1985年、同社を㈱船井総合研究所に社名変更。1988年、経営コンサルタント会社として世界ではじめて株式を上場（現在、同社は東証、大証の一部上場会社）。同社の社長、会長を経て、2003年に同社の役員を退任。現在、㈱船井本社の会長。また、㈱船井総合研究所や㈱船井財産コンサルタンツ、㈱本物研究所、㈱船井メディアなどの最高顧問。グループ会社の象徴的存在でもある。著書約400冊。近著に『船井幸雄のズバリ本音』（ビジネス社）、『人間の「正しいあり方」』（ヒカルランド）、『組織体運営はトップ１人のリーダーシップで決まる』（加藤鉱・共著、ビジネス社）、『船井幸雄の大遺言』（青萠堂）、『船井幸雄がいままで口にできなかった真実』（徳間書店）など。

大事なこと　これだけは知っておきましょう

2012年7月17日　　１刷発行

著　者　船井幸雄
発行者　唐津 隆
発行所　株式会社ビジネス社
〒162－0805　東京都新宿区矢来町114 神楽坂高橋ビル5階
電話　03（5227）1602（代表）　FAX　03（5227）1603
http://www.business-sha.co.jp

〈印刷・製本〉中央精版印刷株式会社
〈装丁〉大谷昌稔（パワーハウス）〈本文DTP〉創生社
〈編集担当〉岩谷健一　〈営業担当〉山口健志

ISBN978-4-8284-1672-4